열혈청년
전도왕

열혈청년 전도왕

지은이 | 최병호
초판 발행 | 2010년 8월 25일
35쇄 발행 | 2024. 5. 1
등록번호 | 제3-203호
등록된 곳 | 서울특별시 용산구 서빙고동 95번지
발행처 | 사단법인 두란노서원
영업부 | 2078-3333   FAX 080-749-3705
출판부 | 2078-3477

▌책값은 뒤표지에 있습니다.
ISBN 978-89-531-1374-9   03230

▌편집부에서 독자의 의견을 기다립니다.
tpress@duranno.com   http://www.Duranno.com

두란노서원은 바울 사도가 3차 전도여행 때 에베소에서 성령 받은 제자들을 따로 세워
하나님의 말씀으로 양육하던 장소입니다. 사도행전 19장 8-20절의 정신에 따라 첫째
목회자를 돕는 사역과 평신도를 훈련시키는 사역, 둘째 세계선교(TIM)와 문서선교(단행
본 · 잡지) 사역, 셋째 예수문화 및 경배와 찬양 사역, 그리고 가정 · 상담 사역 등을 감
당하고 있습니다. 1980년 12월 22일에 창립된 두란노서원은 주님 오실 때까지 이 사역
들을 계속할 것입니다.

열혈청년 전도왕

최병호 지음

두란노

　너무나 맛있는 설렁탕을 먹을 때, 뚝배기 위에 함께 식사를 하고 싶은 사랑하는 사람들의 얼굴이 떠오릅니다. 왜냐하면 사랑하는 사람들과 맛있는 음식을 나누는 것이 행복이기 때문입니다. 마찬가지로 예수님의 사랑을 맛본 사람은 '그 맛'을 혼자서만 간직할 수 없기에 함께 나눌 사람들을 떠올리기만 해도 행복해집니다. 밥을 곱씹을수록 고소함이 더해지듯이 '예수의 맛'은 자랑하며 나눌수록 더욱더 구수해지고 행복해집니다.

　　"너희는 여호와의 선하심을 맛보아 알지어다 그에게 피하
　　는 자는 복이 있도다"^(시 34:8).

　하나님의 사람 최병호 형제를 보면 불광불급^(不狂不及)이란 단어가 생각납니다. 무언가에 미치지 않으면 목표에 도달하지 못한다는 말입

니다. 그는 세상 사람들은 이해하지 못한 비밀을 알고 자신의 물질과 시간, 아니 모든 생명을 나누는 삶을 드림으로써 하나님 아버지의 사랑과 예수님의 섬김과 성령님의 충만한 능력을 경험하고 있습니다. 뿐만 아니라 그 사랑과 섬김과 능력이 그가 속한 공동체를 변화시키며 질적, 양적 성장을 이루게 되었습니다.

> "우리가 만일 미쳤어도 하나님을 위한 것이요 정신이 온전
> 하여도 너희를 위한 것이니"(고후 5:13).

예수님을 너무나 사랑하는 청년, 예수님 자랑하기를 행복해 하는 청년, 예수님이 자랑하시는 청년인 최병호 형제를 자랑하는 것이 저의 큰 기쁨입니다. 모쪼록 이 책을 통해 많은 분들이 예수님의 사랑을 자랑하여 함께 천국 축제의 잔치에 참여하는 은혜가 있길 소망합니다.

오직 하나님의 나라와 그분의 영광을 위하여!

정필도(수영로교회 담임목사)

한때 기독교 선교의 요람이요, 기독교 문화를 찬란하게 꽃 피웠던 유럽의 교회들이 지금 쇠퇴한 이유는 무엇일까요? 여러 가지 이유가 있겠지만 저는 교회 안에서 젊은이들이 사라진 것이 가장 큰 이유라고 생각합니다. 젊은이는 기독교 신앙의 계승자들이요, 하나님 나라

를 각 분야에서 확장시킬 수 있는 가장 중요하고 핵심적인 일꾼이기 때문입니다. 우리는 젊은이가 없는 교회는 생각할 수 없습니다. 그러나 안타깝게도 한국 교회는 지금 젊은이의 기근에 허덕이고 있습니다. 저 역시 지난 30년간 젊은이 선교에 헌신하면서 예전과 많이 달라진 모습에 안타까움을 느끼게 됩니다. 세속 물결의 범람 속에서 많은 젊은이들이 교회를 떠나고 있는 것입니다.

그렇다면 이런 사실에 손놓고 안타까워만 하고 있어야 할까요? 아닙니다. 이제 우리는 이것을 기회로 삼아 더 큰 젊은이 부흥의 역사를 이루어내야 할 때입니다. 성령의 역사가 있기에 젊은이 선교가 다시 활성화 되는 것은 얼마든지 가능한 일입니다. 이러한 때에 한 젊은이가 많은 젊은이를 전도하고 양육하고 있으니 얼마나 즐거운 일인지 모르겠습니다.

예수님을 영접한 후 13년간 800명 이상을 전도한 열혈 청년 전도왕 최병호 선생은 이 시대 젊은 크리스천들의 롤모델이라고 할 수 있습니다. 미션스쿨 선생님을 통해 예수님을 믿게 된 후 그 은혜에 감사하여 늘 주위 사람들에게 예수님을 증거하고 교회로 인도하는 그는 예수님의 제자로서의 본을 제대로 보이고 있습니다.

이 책을 통해 전도하는 것을 두려워하고 힘들어하는 요즘 세대의 젊은이들은 전도자의 자세가 어떠해야 하는지, 전도가 어떻게 이루어지는지, 그리고 전도하는 기쁨이 얼마나 큰 것인지를 가슴 깊이 깨닫게 될 것입니다.

수많은 어른 전도왕들과 달리 젊은 청년 전도의 모델이 없어서 아쉬웠던 한국 교회의 현실 속에서 최병호 선생의 전도 이야기는 교회 사역자가 아닌 젊은 성도로서 어떻게 자신의 삶을 통해 주님을 증거하고 전도할 수 있을지를 고민하는 수많은 청년에게 귀한 모델이 될 것입니다.

불교 동자에서 멋진 주님의 제자로 변화된 그의 이야기를 통해 교회 안에 잠들어 있는 수많은 젊은 청년들이 깨어나 주님의 제자와 증인으로서의 사명을 다시금 깨닫고 한국 교회의 청년 부흥의 불꽃이 활활 타오르기를 소망합니다.

남민우(두레교회 담임목사)

의사로서 육체와 영혼을 함께 치유하고자 늘 하나님의 은혜를 구하는 저의 생활 속에서 최병호 선생의 출간 소식은 정말 큰 기쁨이 됩니다. 주님의 은혜로 쓰인 이 책이 부디 많은 크리스천 청년들과 청소년들에게 경종을 울리는 책이 되기를 바라며, 또한 아직 주님을 알지 못하는 이들에게 주님을 알리는 소중한 도구가 되기를 바랍니다.

마지막으로 학생 한 명 한 명을 하나님께서 보내신 영혼으로 귀히 여기며 학습과 전도를 병행하는 열정을 지닌 최병호 선생에게 주님의 은혜가 가득하기를 바라며, 이 책이 전도의 새바람을 일으키는 복된 통로가 될 줄 믿습니다.

정근(온종합병원장, 정선학원 이사장)

전도의 중심에 선 나의 인생

일본 규슈에 가서 일주일 동안 간증과 전도 세미나를 가졌습니다. 저는 목회자도 아니고 신학생도 아닙니다. 이런 제가 우리나라를 벗어나 외국까지 가서 간증하고 전도에 관한 강의를 하는 것이 저 스스로도 놀랍습니다. 그러기에 이 모든 영광을 하나님께 올려 드립니다.

하나님께 많은 복을 받고 쓰임받는 것이 너무 감사하고 좋아서 한 번은 하나님께 이렇게 여쭈어 본 적이 있습니다.

"하나님, 왜 하필이면 저를 택하셨습니까? 저보다 더 잘나고 멋지고 뛰어난 사람도 많은데, 왜 하나님은 저에게 그 많은 영혼을 보내 주십니까?"

그랬더니 하나님의 대답이 아주 간단명료했습니다.

"그건 바로 병호 너니까 그런 거다. 난 병호 네가 정말 좋단다."

'병호 너니까 그렇다'는 말씀에 기쁨의 눈물밖에 나오지 않았습니다. 저는 하나님의 이 간단한 응답이 저한테만 국한된 것이 아니라고 생각합니다. 이 땅의 모든 크리스천에게 동일한 말씀을 하고 계신다고 확신합니다. 그만큼 우리 하나님은 무조건적인 사랑을 부어 주는 분이십니다.

세미나를 할 때마다 사람들이 가장 자주 물어보는 질문은 '어떻게 하면 전도를 자연스럽게 할 수 있느냐'입니다. 이 질문에 대한 대답을 태권도를 예로 들어 해 보겠습니다.

태권도 겨루기 천재가 있었습니다. 사람들은 이 천재를 이길 사람은 아무도 없을 것이라고 했습니다. 그런데 이 천재를 이기는 사람이 나타났는데, 그는 노력하는 선수였습니다. 이번에야말로 이 사람을 이길 자가 없을 것이라고 했는데, 이 사람을 꺾은 선수가 나왔으니,

그는 운이 정말 좋은 사람이었습니다. 상대방이 시합하기 전에 배탈이 나서 기권을 하든지, 시합만 하면 상대가 넘어져서 부상을 당해 중도 포기하기 때문에 매번 기권승을 하게 된 것입니다. 이번에는 정말 이 운 좋은 선수를 이길 자가 아무도 없을 것이라고 했습니다. 그런데 이 자를 이기는 사람이 또 나타났으니, 그는 바로 태권도를 즐기는 자였습니다. 그는 태권도를 하는 것 자체가 재미있고 행복하고 기쁨이 넘쳐났기 때문에 힘들어도 즐기면서 운동을 했습니다. 그런 선수를 이길 수 있는 사람은 아무도 없었습니다.

저도 마찬가지입니다. 전도를 하는 데 힘든 점이 많았고 할 용기도 없던 저였습니다. 지금도 전도할 때 어려운 점이 없지는 않지만, 달라진 것이 하나 있다면 전도하는 것이 즐겁다는 사실입니다. 좀 더 솔직하게 이야기하자면 무척 재미납니다.

'이 사람이 하나님이 내게 붙여 주신 영혼일까?'에서부터 시작해서 '저 사람이 어떻게 하면 감동을 받아서 마음을 열까?', '저 아이는 얼마 만에 교회 한번 가보겠다는 말을 할까?' 등등의 생각을 떠올리면 전도 자체가 즐겁고 재밌습니다.

그리고 하나님이 저를 통해서 그 잃어버린 영혼들을 교회로 보내 주시는 것이 가슴 벅차고 놀랍고 감사하기에 더더욱 즐겁습니다. 하나님께 쓰임받고 있다는 사실이 감격스러울 뿐입니다.

전도를 처음 할 때는 실패가 잦아서 친구 사이가 멀어지고 갈등하던 때도 있었습니다. 그래서 서점에 가서 전도와 관련된 책들을 무수히 사 와 읽었습니다. 책 속에 담긴 소중한 이야기들은 저에게 참 많은 도움이 되었습니다. 그런데 한 가지 아쉬운 점이 있다면, 전도 책의 저자가 대부분 어른이라서 그 당시 고등학생이었던 제가 따라 하기에는 어려운 것들이 많았다는 것입니다.

'나 같은 학생들이 쉽게 전도할 수 있는 방법이 담긴 책이 있으면 좋을 텐데….'

이런 생각에 빠져 있던 저에게 여러 목사님과 은사님들 그리고 친구들이 격려를 해주었습니다.

"병호야, 네가 전도한 이야기를 책으로 내면 우리나라의 많은 젊은 이가 전도하는 데 정말 큰 도움이 될 거야."

저는 이 말에 힘을 얻고 본격적으로 기도하며 준비를 하게 되었습니다. "여호와를 기뻐하라 그가 네 마음의 소원을 네게 이루어 주시리로다"(시 37:4)라는 성경 말씀처럼 제 마음에 소원을 주시고 이제 그 소원이 이루어지도록 행하시는 하나님의 놀라운 손길을 따라가려고 합니다.

전도 세미나를 가면 교회 입구에 이런 문구가 적힌 현수막이 걸려 있습니다.

'불교 동자 전도왕 되다.'
'규슈의 중심에서 사랑을 외치다.'
'전도왕에게 배워 봅시다.'

이런 문구를 접하면 가슴이 벅차고 감동이 밀려와 눈물이 납니다. 주님을 전혀 모르던 제가 이런 자리에까지 서게 되다니, 지금도 믿어지지 않을 때가 있습니다. 그래서 저는 늘 겸손할 수밖에 없습니다.

저는 어디를 가든 간증이나 전도 세미나 첫머리에 꼭 이런 말을 합니다.

"저는 제가 하는 전도 방법이 정답이라고 생각하지 않습니다. 왜냐하면 저는 여러분과 성격도 다르고 기질, 외모, 주어진 환경도 다르기 때문입니다. 그럼에도 불구하고 여러분이 저의 전도방법을 듣고 전도에 대한 열정을 불태우며, '아, 저 청년은 이런 상황에서 이렇게 전도를 했으니까 나는 이렇게 하면 되겠구나'라고 여러분 각자의 삶에 적용해 주신다면 저는 더할 나위 없이 감사할 것입니다."

그렇습니다. 지금의 저는 제가 잘나서 된 것이 아닙니다. 모든 것이 주님의 인도하심에 따라 된 것입니다. 그래서 제 길이 무조건 옳다고 이야기할 수 없습니다. 하지만 이것만은 분명합니다. 저와 함께하시는 예수님은 정답이라고.

끝으로 늘 주님과 동행하며 받은 은혜를 나눠 주시는 영적 거인 정필도 목사님, 저를 두레교회 청년처럼 따뜻하게 대해 주시고 많은 조언을 해주시는 남민우 목사님, 교사들과 학생들을 위해 눈물의 기도와 아낌없는 후원을 해주시는 정근 이사장님, 늘 사랑으로 저를 감싸주시는 임현백 목사님, 청년 전도 사역을 마음껏 할 수 있도록 믿음과 지지를 보내 주시는 김인환 목사님, 기독교 세계관에 눈뜨게 해주신 최점일 교수님, 책의 출간을 위해 기도하고 수고해 주신 두란노서원 식구들 그리고 저를 전도해 진정한 크리스천이 되도록 이끌어 주신 영적 어머니 이정화 목사님께 진심어린 감사와 사랑의 마음을 전합니다.

부족한 저를 세워 주시고 이런 저를 통해서도 영광 받기를 원하시는 하나님을 찬양합니다.

2010년 8월

최병호

열혈 청년 전도왕
Contents

제가 예수님을 믿고 나서 처음으로 한 행동이 있습니다. 그것은 바로 저에게 교회 가자고 말했

아무리 괴롭혀도 믿음을 지켰던 친구를 찾아갔습니다. "친구야, 나 예수님 믿는다. 니 진짜 고

데도 나 안 미워하고 교회 가자고 해줘서 얼마나 고마운지 모르겠다. 니가 진정한 친구다. 평

듯 씽긋 웃어 주었습니다. 나머지 두 명의 친구에게도 전화를 걸어 고맙다는 인사를 했습니다

소개시켜 주고, 용돈을 모아 형편이 어려운 친구의 학원비를 내 주며 같이 학원에 다니기도 했

지혜롭고 비둘기처럼 순결하게 해주세요. 아브라함처럼 복의 근원이 되고 다윗과 다니엘처럼

불교 동자
하나님을 만나다

구들에게 고맙다는 말을 전하는 것이었습니다. 가장 먼저 목사님의 아들로 중학교 때부터 제가
회 가자고 말해 줘서 진짜 고맙다. 교회 가자고 해서 내가 너 싫어하고 막 못 살게 굴고 그랬는
할게." 저는 진심으로 그 친구에게 고마운 마음을 전했습니다. 그 친구도 제 마음을 다 안다는
복음을 전해 준 세 친구들이 너무나 고마워서 맛있는 것도 사 주고, 제가 다니는 교회 친구들도
이 친구들을 위해 매일 기도합니다. "하나님. 저에게 교회 가자고 말해 준 세 친구들이 뱀처럼
게 해주세요. 이들을 통해서 수많은 영혼들이 주께 돌아올 줄 믿습니다."

골수 불교 신자, 최병호

저는 불교 집안에서 태어났습니다. 위로 누나 둘이 있는데, 어머니는 대구 팔공산 절에 가서 꼭 아들을 낳게 해달라고 비셨습니다. 그리고 아버지는 아들 잘 낳게 해준다는 절을 찾아 일본에까지 가서 불공을 드렸습니다. 그렇게 해서 태어난 아들이 바로 저였습니다. 저는 자연스럽게 불교를 믿으며 유치원, 초등학교 시절을 보냈습니다.

그러다가 불교 중학교에 입학하게 되었습니다. 우리나라 4대 절이 경주 불국사, 양산 통도사, 합천 해인사, 그리고 부산 범어사인데 이 중학교는 범어사가 세운 학교였습니다.

중학교에 입학할 때는 운 좋게도 반 편성 배치고사를 아주 잘 봐서 1등을 했습니다. 저는 입학식 날 모든 학생과 선생님, 부모님들 앞에서 대표로 선서를 했습니다. 이렇게 많은 사람의 이목을 한 몸에 받으며 중학교에 들어간 저는 범어사 스님에게 장학금까지 받았습니다. 공부에 매진하면서 불교 활동을 열심히 하면 선생님들의 칭찬과 친구들의 인정을 받을 뿐만 아니라 장학금도 지속적으로 받을 수 있었습니다. 그래서 저는 중학교에 입학하자마자 본격적인 불교활동을 시작했습니다.

저는 키가 그리 크지 않습니다. 솔직히 대한민국 남자들의 평균 신장보다 작은 단신입니다. 그런데 축구만큼은 아주 잘했습니다. 100미터를 12초에 뛰는 빠른 발을 이용해서 공을 툭 차며 거뜬히 골을 넣자 축구부의 러브 콜을 받았고, 얼마 안 가서 주장의 자리까지 꿰차게 되었습니다. 공부도 잘하고 축구도 잘하니 아이들 사이에서 인기가 하늘을 찌를 듯했습니다. 그래서 3년 내내 반장을 놓치지 않았고 무엇보다 중3 때는 불교학생회장까지 맡게 되었습니다.

전체 조례시간에 대표로 '법도'라는 법명을 단상에 나가서 받았고, 어느 불교 재단에서 주는 상도 받았습니다. 사월 초파일 부처님 오신 날이 되면 불교를 믿는 학교 아이들과 함께 범어사 절에 올라가 불교 회장으로 스님에게 대표 질문도 하며 설법도 들었습니다. 그리고 선재단원이라는 불교학생회 활동을 하면서 불교에 심취하고, 누나가 취업을 할 시점에는 좋은 직장이 구해지도록 108배를 하기도 했습니다.

학교 수업 시간에는 일주일에 한 시간씩 종교 시간이 있었습니다. 그때 불교에 대해 자세히 배웠습니다. 부처의 탄생과 죽음, 열반의 경지에 오르게 된 과정 등에 대해 가르침을 받았습니다.

종교 시간에는 제가 대표로 목탁을 쳤습니다. 저의 목탁 소리를 들으며 반 아이들은 모두 교실 한쪽 벽에 걸려 있는 부처의 사진을 보고 합장하며 절을 올렸습니다. 그것을 '삼귀의'라고 하는데 부처에게 세 번 절하는 것입니다. 그리고 기독교의 사도신경과 주기도문처럼 불교에는 반야심경이라는 것이 있는데, 제가 목탁을 치며 외우는 것을 듣고 아이들이 따라 읊곤 했습니다.

그때는 한 반에 거의 50~60명 가까이 되는 학생들이 있었는데, 이렇게 교실 안에 학생들로 빽빽이 채워져 있는 가운데 제가 힘차게 목탁을 치며 반야심경을 외우고 부처의 사진에 절을 올리는 것은 일상처럼 자연스러운 일이었습니다.

우리 반에는 교회 다니는 친구들이 있었습니다. 반에 보통 열 명정도의 크리스천이 있었습니다. 그중에서 유독 기억에 남는 친구가한 명 있는데 그 친구는 제가 목탁을 치며 반야심경을 외울 때 유일하게 절을 안 한 친구였습니다. 그 친구의 아버지는 목사님이었습니다. 저는 절을 안 하는 그 친구에게 "야, 니는 내가 목탁 치면 절해야지 왜 안 하고 그라노? 니도 해라!" 하고 명령했습니다. 그러면서 목탁을 치는 나무 막대기로 그 친구의 옆구리를 '쿡쿡' 찔렀습니다. 사실 그 막대기는 목탁을 치는 데 쓰는 것이었지만, 이따금씩 종교 시간에 떠드는 친구들이 보이면 "니 조용히 해라"며 머리를 '톡' 소리 나도록 치는 데도 요긴하게 사용하곤 했습니다.

"교회 다니는 다른 친구들은 다 절한다 아이가? 그니까 니도 그냥 해라."

그 친구는 저의 말을 듣고 빙그레 웃으며 말했습니다.

"병호야, 나 교회 다닌다 아이가. 절은 안 하고 묵념할게."

보통 한두 번 절을 안 하는 아이들이 보이면 제가 가서 막대기로 옆구리를 찌르거나 머리를 치며 위협하면 다 하곤 했는데 그 친구만큼은 끝까지 고집을 꺾지 않았습니다. 저의 리더십에 걸림돌이 되는 그 아이가 싫었지만 절을 안 하겠다는 그 친구의 의지는 어떻게 할 수 없었습니다.

친구들은 대부분 저를 좋아했습니다. 특히 미술 시간이든, 음악 시간이든, 체육 시간이든 저와 같은 조가 되면 항상 실기점수가 만점이었기 때문에 조 편성을 할 때면 서로 저와 같은 조가 되기 위해 줄을 섰습니다. 그러면 저는 거만하게 거드름을 피우면서 "이번에는 니랑 니, 그리고 또 니가 나랑 같은 조다!"라고 말하곤 했습니다. 견학이나 수학여행 갈 때면 제 옆에 앉거나 제 가까이에 앉기 위해 다투는 친구들도 있었는데, 이런 일이 생기면 한마디 말로 깨끗이 정리해 주는 저 자신이 스스로 자랑스러웠던 때였습니다.

저는 학원도 공짜로 다녔습니다. 정확하게 말하면 돈을 받으면서 학원을 다녔습니다. 제가 어느 학원을 가게 되면 제 성적이 플랜카드에 자주 붙었고, 그 덕분에 많은 학생이 그 학원에 몰렸기 때문에 항상 학원가에서 저를 환영해 주었습니다.

저를 좋아하거나 저를 따라 학원에 오거나 저와 어울리는 아이들 중에는 교회 다니는 친구들도 있었습니다. 아니, 많았습니다. 적게 잡아도 100명은 넘었습니다. 하지만 그중에 저에게 교회 가자고 한 번이라도 말한 친구는 정확히 세 명이 있었습니다.

저는 교회 가자는 세 친구들의 말을 못 들은 척 했지만 한 친구에게는 아주 못되게 굴기도 했습니다. 저보고 "교회 한번 가보자. 불교는 참 종교가 아니야"라고 말하는 친구에게 이렇게 말한 기억이 아직도 생생합니다.

"야! 임마! 니 나보고 이제 더 이상 교회 가자는 말 하지 말고, 교회의 '교'자도 꺼내지 마라. 한 번만 더 나보고 교회 가자고 하면 니는 내 친구 아니다. 알긋나? 글고 교회는 자기 종교만 옳다 하고 타종교를 인정 안 하는데 그래서 너무 싫다. 이렇게 말했는데도 니 또 내한테 교회 얘기 꺼내면 니 싫어할끼다. 조용해라!"

그런데 저는 제 인생에서 교회의 '교'자를 수도 없이 이야기할 날이 점점 다가오고 있음을 전혀 모르고 있었습니다.

1지망
브니엘 고등학교

고등학교를 가야 할 무렵, 저는 과학고등학교에 진학하고 싶었지만 떨어지고 인문계 고등학교를 지원해야 했습니다. 그때만 해도 연합고사를 치르던 때라, 친구들과 시험 치기 백 일 전 광안리 바닷가에 가서 '100일주'를 마시고 필름까지 끊겨서 집에 들어왔던 때도 있었습니다.

가고 싶어 하던 과학고 진학이 물거품이 되고 나서, 저는 인문계 고등학교 가운데 1지망과 2지망을 골랐습니다. 1지망은 아무 생각 없이 집 바로 위에 있는 학교를 적었습니다. 집도 가깝고 남녀 공학이 된다는 말에 많은 아이들이 그 학교를 적었기 때문입니다. 요즘에야 남녀 공학이 보편화 됐지만 그 시절만 해도 별로 없었기에 희소식이 아닐 수 없었습니다. 그리고 2지망은 집에서 지하철로 두 역 정도 떨어져 있는 학교를 적었습니다.

그런데 학교 지원서를 적은 종이를 제출하는 날 아침, 함께 불교 학생회 활동을 하는 친구가 저한테 말을 걸었습니다.

"병호야, 연산동에 있는 브니엘 고등학교가 구서동으로 옮겨 왔대. 그 학교 서울대 많이 보낸 명문학교라 하대. 서울대 보낸 순위가 전국에 있는 과학고, 외국어고 다 합쳐서 20등 안에 든다 하더라. 우리 그 학교 가 볼래?"

저는 서울대 많이 보낸 명문학교라는 말에 마음이 동요되었습니다. 그런데 곧이어 그 친구가 한 말에 정나미가 뚝 떨어졌습니다.

"근데 그 학교가 기독교 학교란다."

"아, 맞나? 에이고, 좋다 말았네. 그 학교가 기독교 학교만 아니면 무조건 가겠구만. 아깝다."

저는 안타까워하며 말했습니다. 그리고 얼마간의 시간이 흘렀습니다. 저는 후다닥 점심을 먹고 막 축구하러 나가려던 참이었는데, 그 친구가 한 번 더 저를 찾아왔습니다.

"병호야, 우리 브니엘 고등학교 가자. 기독교 학교지만 가서 우리만 안 믿으면 되는 거고 학교는 무지 좋다 아이가. 우리 1지망에 브니엘 한 번 써 보자. 쓴다 해도 어차피 뺑뺑이 돌리니까 확실히 된다는 보장도 없다."

"아, 참나! 거기 학교 암만 좋아도 기독교 학교는 싫다케도. 됐다 안 갈란다. 글구 지금 빨리 나가 봐야 한다. 축구 시합 있단 말이다. 내 학교 지원서 여기 있으니까 니가 니꺼 낼 때 내 꺼도 같이 내도. 알긋제? 그면 난 간다."

교실 밖으로 정신없이 뛰어나가는데 그 친구가 내 등 뒤에 대고 이렇게 말했습니다.

"병호야, 그면 브니엘 1지망에 적는다."

저는 대답하는 것도 귀찮아져서 "아이, 몰라. 임마, 니 건 니 맘대로 해!" 하고는 운동장으로 뛰어나갔습니다.

신나게 축구를 하고 교실로 들어와 보니 그 친구가 싱글벙글 웃으며 저에게 다가왔습니다.

"병호야, 니 꺼 브니엘을 1지망에 적어서 냈다."

저는 어이가 없어서 소리쳤습니다.

"뭐라꼬? 야, 임마! 내가 언제 적으라데. 니 웃기네."

"어, 병호 니가 축구하러 가면서 내 맘대로 하라고 했잖아."

"내가 언제? 니 꺼를 니 맘대로 하라고 했지. 언제 내 꺼를 니 맘대로 하라고 하데. 아, 참나."

저는 울상이 되었습니다. 담임선생님께 다시 말씀드려서 고치고 싶었지만 그 당시 우리 담임선생님은 학교에서 가장 무서운 분이었기에 감히 말조차 꺼내기가 조심스러웠습니다. 게다가 문득 그 친구 말대로 '뭐, 내가 가서 기독교 안 믿으면 되지' 하는 생각도 들었습니다. 그리고 1지망에 내가 적었다고 해서 꼭 그 학교가 걸리는 것도 아닌데, 이래저래 귀찮아서 그냥 두기로 했습니다.

그렇게 시간이 흘러 연합고사를 보았고, 드디어 고등학교 배정을 받게 되었습니다. 그런데 이게 웬일입니까. 설마 하던 브니엘 고등학교에 제가 딱 걸린 것입니다. 친구들은 제가 기독교 학교인 브니엘에 가게 됐다는 것을 알고 다들 황당해 했습니다. 그도 그럴 것이 불교학생회장 놈이 기독교 학교를 가게 됐으니, 이젠 제 입장이 완전 반대가 되는 것이었습니다. 저의 종교와 성격을 아는 친구들은 제가 그 학교에서 어색한 존재가 될 것을 생각하며 배꼽이 빠지도록 웃었습니다. 저를 꼬드겼던 그 친구도 같이 브니엘 학교에 가게 되었습니다. 그 당시 제가 다니던 불교 중학교에서 기독교 학교인 브니엘 고등학교로 간 사람은 그리 많지 않았습니다. 사실 그럴 수밖에 없는 것이 예전의 브니엘 고등학교는 우리 동네가 아닌 연제구에 있었기 때문입니다. 제가 사는 금정구 구서동으로 이사를 온 것은 제가 중3이던 1996년 3월이었습니다.

어쨌든 이제 와서 바꿀 수도 없는 노릇이고, 같은 브니엘 고등학교에 배정을 받은 아이들끼리 모여서 이제부터 잘해 보자는 말을 하며 다짐을 했습니다. 기독교 학교이지만 이왕 배정되었으니 내가 기독교를 안 믿고 잘 버티면서 지내면 된다고 여겼습니다. 또 학교 자체로는 명문고로 소문이 난 학교이니 공부만큼은 기대가 돼서 그렇게 싫지만은 않았습니다.

학교를 배정받은 날 저는 불교를 믿는 부모님께 이런저런 이야기를 늘어놓았습니다. 그 말은 꼭 브니엘 고등학교를 가자고 꼬드기던 친구의 말과 똑같았습니다.

"엄마 아빠, 나 이번에 브니엘 학교란 데 걸렸다. 서울대 억수로 많이 보내는 명문고라 하더라. 뭐 기독교 학교라는 것이 맘에 걸리지만 내만 가서 안 믿으면 되는 거니깐 별로 신경도 안 쓰인다."

부모님도 기독교 학교라는 것을 영 못마땅해 하셨지만 명문고라는 말에 어쩔 수 없는 얼굴로 "이왕 배정됐으니깐 잘 다녀 봐라. 근데 기독교에는 절대 빠지지 마래이"라는 당부만 하셨습니다. 저는 부모님의 당부에 당찬 어조로 이렇게 안심시켜 드렸습니다.

"에이, 엄마 아빠는 내 모르나. 중학교 때까지는 염주 한 개만 차고 다녔는데 브니엘 가서는 절대 교회 오라는 꼬임에 안 넘어간다는 징표로 내 양쪽 팔에 한 개씩 염주 두 개를 차고 다닐게. 그라고 거기가서도 내가 불교 믿으라고 포교활동을 하면 했지 절대로 내가 먼저 안 넘어간다. 걱정 마라."

날
열받게 만든
종교 시간

드디어 설레는 마음으로 브니엘 고등학교에 첫 등교를 했습니다. 기독교 학교인지라 모든 선생님이 교회에 다녔고 아침 8시 50분에서 8시 57분까지 하나멜이라는 기독교 학생 중창단이 찬양을 불렀으며 목사님이 짤막하게 말씀을 전했습니다. 지금 생각하면 이런 은혜로운 학교가 또 있을까 싶지만, 그 당시 염주 차고 다니는 저에게 찬양은 그저 듣기 좋은 노래일 뿐이었고, 말씀은 웃기고 적절한 허구성이 있는 이야기로만 들렸습니다.

일주일에 한 시간씩 종교 시간이 있었고, 4월 말이 되면 매년 2박 3일

일정으로 중생회란 걸 했습니다. 저는 일찍이 종교 시간과 중생회 때 예수님을 믿는 아이들이 많이 생긴다는 소문을 들었습니다. 그래서 그 시간만큼은 조심해야겠다는 생각을 했습니다.

갓 입학한 때라 학생들은 무엇이든 열심히 하려고 했습니다. 저도 마찬가지였습니다. 아침 8시 50분부터 하는 방송 설교도 들었습니다. 안 들으려고 해도 열심히 들을 수밖에 없었습니다. 담임선생님이 아침 방송 예배 시간이 되면 교실에 들어와 정숙히 예배를 드릴 수 있도록 지도를 하기 때문이었습니다.

"믿음은 들음에서 나며 들음은 그리스도의 말씀으로 말미암았느니라"(롬 10:17)는 말씀처럼, 저는 방송 설교를 통해 기독교에 대한 개념이 생기고 예수님에 대해 조금씩 알게 되었습니다.

그러던 어느 화요일 2교시 종교 시간이었습니다. 하루 중 오전에 있는 2, 3교시가 가장 집중이 잘 되는 시간인데 바로 그때 종교 시간이 잡혀 있었습니다. 어떤 여자 전도사님(지금은 목사님이 되신 이정화 전도사님)이 들어오셨는데 아이들은 그분을 초코파이 아줌마라고 불렀습니다. 종교 시간에 대답을 잘하면 초코파이를 주셨기 때문입니다.

다른 시간에는 눈이 초롱초롱 하던 아이들이 그 시간만 되면 다들 지루해 했습니다. 엎드려 자거나 뒷자리로 가서 다른 공부를 하거나 심지어 대놓고 떠드는 아이들도 있었습니다. 2, 3분단 가운데 앞자리에 앉은 친구들만 눈빛을 반짝였습니다. 그 아이들은 아버지가 목사님이거나 장로님이었고, 아니면 우리 사이에서 믿음이 신실하다고 인정받는 아이들이었습니다.

저도 처음에는 맨 뒷자리에 가서 수학 문제를 풀거나 엎드려 있었습니다. 그런데 시간이 지날수록 전도사님의 말씀을 귀 기울여 듣는 아이들이 하나둘 생기기 시작했습니다. 엎드려 있던 아이들은 자세를 바로 잡고 집중하기 시작했고 떠들던 아이들도 전도사님의 말씀을 들으며 조용해졌습니다.

저는 끝까지 전도사님의 말씀을 안 듣고 싶었는데 반 분위기가 다들 집중하는 시간으로 바뀌게 되니 어쩔 수가 없었습니다. 저는 수학 문제 풀던 것을 멈추고 맨 뒷자리에서 딴 짓도 못한 채 전도사님의 말씀을 듣게 되었습니다.

전도사님은 부드러운 목소리로 학생들을 집중시키며 이야기를 잘 이끌어 나가셨습니다. 저는 그것이 참으로 신기했습니다. 그런데 수업을 잘 들어 보니 '날 열받게 만드는 이야기를 계속 하네'라는 생각이 들었습니다.

"자, 여러분. 이 세상에는 두 가지 종류의 종교가 있습니다. 하나는 하나님이 만든 종교이고, 또 하나는 사람이 만든 종교입니다. 하나님이 만든 종교는 기독교이고, 사람이 만든 종교에는 불교, 도교, 힌두교, 이슬람교 등이 있습니다."

"이 세상은 하나님이 말씀으로 창조하셨습니다. 해와 달과 별, 하늘과 바다 그리고 이 땅에 살아 있는 모든 동식물이 하나님의 말씀으로 창조된 것입니다."

이런 전도사님의 이야기들은 저의 반감을 사기에 충분했습니다.

'순 거짓말 하고 있네. 도대체 언제까지 저런 허무맹랑한 이야기를

진지하게 계속할 거지?'

드디어 저는 폭발을 하고 말았습니다. 종교 시간 바로 직전, 가운데 맨 앞자리에 앉아 있는 한 친구에게 다가가서 말했습니다.

"니 이번 시간에 내랑 자리 좀 바꾸자. 니가 이번 종교 시간에만 내 자리로 가고 내가 니 자리에 앉을게. 괜찮제?"

그 친구는 의아해 했지만 내가 하도 강한 눈빛으로 말하니까 아무 소리 안 하고 자리를 바꾸어 줬습니다. 그때부터 저는 가만히 전도사님의 말을 듣고 있다가 마음에 걸리는 부분이 있으면 여지없이 손을 번쩍 들고 일어나 반박을 하기 시작했습니다.

"저기요, 천국 지옥 같은 소리는 유치원생이나 초등학생이라면 믿을까, 지금 고등학생인 저희들한테는 그런 얘기 안 통합니더. 그리고 천국 지옥이 진짜 있다면 제 눈으로 볼 수 있게 해주이소. 그러면 제가 믿을게예."

또 우리나라에 기독교가 들어온 지 약 100여 년이 지났다고 하는 선생님의 말에는 이렇게 쏘아붙였습니다.

"저기요, 그러면 우리나라를 구한 이순신 장군이랑 가장 존경받는 세종대왕은 다 지옥 갔겠네예?"

이처럼 저는 계속 선생님의 말에 토를 달고 수업의 흐름을 끊어 놓았습니다. 나중에는 반박하는 것이 저의 사명이라고 여길 정도였습니다. 그래서 그분이 말씀하시는 것은 한마디도 놓치지 않기 위해 더욱 더 집중해서 들었습니다.

이제 종교 시간만 되면 저는 열심히 듣다가 손을 들어 반박을 했고,

그러면 전도사님은 여유로운 미소를 지으며 차분하게 답변했습니다.

아이들은 종교 시간 전만 되면 저를 찾아와 호들갑을 떨었습니다.

"병호야, 오늘은 또 어떤 말로 그 초코파이 아줌마한테 대들 건지 기대된다. 최병호, 파이팅!"

그러면 저는 너스레를 떨며 말했습니다.

"야, 나만 믿어라. 오늘은 답변 못하는 질문을 할 테니. 니들 내 잘 보고 있으래이."

저는 전도사님의 말에 날카로운 반박을 던지기 위해 마음을 가다듬고 수업에 임했습니다.

그런데 참 신기한 것은 제가 예의 없이 건방진 말투로 질문을 하는데도 전도사님은 단 한 번도 화를 안 내셨다는 것입니다. 수업을 마치고 나가시는 전도사님을 툭 치면서 "저기요, 아주머니 말씀은 말이 안 됩니다. 그란 게 어데 있습니까? 그건 거짓말 아닙니까?"라고 대들어도 "이런 버릇없는 녀석! 너 자꾸 이렇게 나오면 혼난다"라고 화를 내시기는커녕 온화한 미소를 띠면서 저의 질문에 친절히 대답해 주셨습니다. 그때마다 '이분은 도대체 뭘 믿고 이렇게 항상 당당하고 자신감 넘치고 여유로우신 걸까?'라는 생각이 들곤 했습니다.

천국과
지옥은
있다

　　　　　　　　　저의 열띤 반박과 전도사님의 여유
롭고 침착한 대답이 오고 가는 동안 두 달이라는 시간이 흘렀습니다.
그러던 어느 날 수업을 마칠 때쯤 전도사님이 갑자기 "여러분, 죽음
이란 무엇일까요?"라고 물었습니다. 이렇게 질문을 던지면 제가 대
표로 일어나 발표하는 것이 당연시 되었습니다. 저는 손을 번쩍 들고
일어나서 또박또박 대답했습니다.

　"죽음이란 유에서 무로 가는 것입니다."

　반 아이들은 저의 대답에 "와!" 하며 박수를 쳤습니다. 그랬더니 전

도사님이 "멋진 답변입니다. 발표 잘 했으니 초코파이 하나 줄게요. 자, 그럼 한 명만 더 발표해 봅시다" 하는 것이었습니다. 그때 한 친구가 손을 들었습니다. 아버지가 목사님인 친구였는데, 중학교 때 부처의 사진에 절 안한다고 저한테 목탁으로 옆구리를 찔렸던 친구였습니다. 그 친구는 일어서서 이렇게 말했습니다.

"죽음이란 영혼과 육체가 분리되는 것입니다."

아이들은 그 친구의 말에는 아무런 반응이 없었습니다. 하지만 전도사님은 그 친구의 대답에 박수를 치면서 칭찬을 하셨습니다.

"참 잘했어요. 정답이에요. 정답을 맞췄으니 초코파이 줄게요."

저는 마음속으로 비아냥거렸습니다.

'참나, 내보고는 그냥 잘했다 하면서 왜 점마 보고는 참 잘했다고, 정답이라고 하지? 쳇!'

잠시 후 전도사님은 죽음에 대해 설명하기 시작했습니다. 저는 오기로 그분의 말에 더 귀를 기울였습니다.

"교통사고로든, 심장마비로든, 병에 걸려서든, 자연사를 하든, 사람이라면 누구나 죽습니다. 200년 뒤에 다시 이 자리에서 볼 수 있는 사람은 아무도 없습니다. 죽음의 정의에는 크게 세상에서 말하는 것과 성경에서 말하는 것, 이 두 가지가 있습니다. 먼저 세상에서 말하는 죽음의 정의는 사람의 심장이 멈추어서 더 이상 뛰지 않을 때를 말합니다.

그런데 성경에서 말하는 죽음에는 다음 두 가지가 있습니다. 예수님을 믿든 안 믿든 사람은 다 죽습니다. 여러분, 예수님을 안 믿는다

해도 사람에게 영혼이 있다는 것은 잘 알겠죠? 어떻게 죽든 사람이 죽으면 방금 한 학생이 말한 것처럼 육체와 영혼이 분리됩니다. 이것이 성경이 말하는 첫 번째 죽음에 대한 정의입니다. 영혼과 분리된 육체는 썩어서 흙으로 돌아갑니다. 우리 육체의 성분이 흙과 같다는 사실이 과학적으로 증명되기도 했습니다. 그런데 참 신기하게도 성경을 보면 하나님이 우리 인간을 흙으로 만드시고 코에 생기를 불어넣으셨다고 나옵니다. 하나님이 흙으로 사람을 만드셨으니 영혼과 분리된 육체가 썩으면 다시 흙으로 돌아가는 것은 당연한 이치겠지요. 우리가 이따금씩 사람이 죽어서 한 줌의 재로 변했다는 말을 하기도 하는데, 맞는 말입니다.

이렇게 육체는 썩어서 흙으로 돌아가고 영혼은 예수님을 믿든 안 믿든 영원히 살게 됩니다. 하지만 예수님을 믿으면 기쁨과 즐거움과 영광이 가득한 천국에서 살게 되고요, 예수님을 믿지 않으면 불과 유황으로 타는 못, 구더기도 죽지 않는 영원한 고통의 공간인 지옥에 가게 됩니다. 제가 지어낸 말이 아니라 요한계시록 21장 8절에 "그러나 두려워하는 자들과 믿지 아니하는 자들과 흉악한 자들과 살인자들과 음행하는 자들과 점술가들과 우상 숭배자들과 거짓말하는 모든 자들은 불과 유황으로 타는 못에 던져지리니 이것이 둘째 사망이라"고 정확하게 나와 있습니다.

지금까지 살면서 불이나 뜨거운 물에 데여 본 적이 있나요? 아니면 뜨거운 국물을 먹다가 입안이 데여서 아팠던 적이 있나요? 지옥불은 그보다 몇 천 배, 몇 만 배는 더 뜨거울 것입니다. 아니, 지구 산소의

20% 이상을 생성해서 지구의 허파라고 불리는 아마존 밀림에 석유를 다 붓고 불을 붙여도 지옥 불에 비하면 성냥불에 지나지 않을 것입니다. 지옥에 가면 정말로 엄청난 고통을 받으며 살게 됩니다. 그러니 예수님을 믿고 아름다움과 기쁨이 가득한 천국에서 영원히 살기를 바랍니다."

전도사님의 긴 설명이 끝날 때쯤 수업 시간이 다 됐다는 종이 울렸습니다. 전도사님은 나가셨고, 저는 한동안 멍하니 앉아 있었습니다. 지금까지 전부 웃기고 허무맹랑한 이야기로 들리던 전도사님의 말이 이번에는 전혀 다르게 느껴졌습니다.

'아, 지금 전도사님이 말씀하신 게 거짓말이 아니라 다 사실인 것 같아. 천국과 지옥은 분명히 있어.'

저는 가만히 앉아 있을 수가 없었습니다. 믿고 싶지 않았던 그 천국과 지옥이 정말로 있다는 생각이 번뜩 들자 이대로라면 나는 당연히 지옥에 떨어질 거라는 두려움이 엄습해 왔습니다. 저는 당장 전도사님이 계신 교목실로 달려갔습니다. 떨리는 마음으로 노크를 한 뒤 문을 열고 들어갔습니다. 그리고 조심스레 발걸음을 옮겨 전도사님께 다가갔습니다.

"저, 전도사님, 드릴 말씀이 있습니다. 이제까지 저는 전도사님의 말씀이 다 거짓이라고 생각했는데, 오늘 죽음에 대한 정의를 듣고 나니 웬일인지 그 모든 이야기가 사실로 여겨지게 됐습니다. 천국과 지옥이 있다는 것도요. 저는 불교 집안에서 태어났고, 불교학생회장을 도맡아 했고, 교회 가자는 아이들을 구박도 했습니다. 이런 저도 예수님을 믿으면 지옥에 안 갈 수 있나요?"

그랬더니 전도사님이 활짝 웃으며 이렇게 말씀하시는 게 아니겠습니까!

"그럼, 되고말고. 지금 당장 예수님을 믿으면 돼. 자, 기도하자."

저는 너무 기뻐서 눈물이 다 났습니다. 천국 가는 것은 둘째 치고라도 그 뜨거운 지옥의 고통을 맛보지 않아도 된다는 사실에 안도의 한숨을 내쉬었습니다.

'아, 나도 예수님을 믿으면 천국에 갈 수 있구나.'

새로운 사실에 눈뜬 나는 그 기쁨을 주체할 수가 없었습니다. 감격에 겨워서 울고 웃었습니다. 정말 행복했습니다. 그때 저는 '이제부터 나의 삶은 새롭게 다시 태어나는 거야'라고 다짐했습니다.

저는 하나님이 좋았고, 저 대신 십자가에 돌아가 주신 예수님이 감사했고, 예수님을 소개시켜 준 전도사님이 고마웠고, 이런 환경을 만들어 준 브니엘 고등학교에 감사했습니다.

1997년 4월 22일 2교시 후 쉬는 시간 10분 사이에 제 인생이 180도 달라졌습니다. 그 짧은 시간이 제 인생에 있어서 가장 중요하고 소중한 순간이 되었습니다. 예전에 어떤 개그 프로그램에서 한 개그맨이 두 가지를 놓고 고민하다가 "그래, 결심했어"라고 외치며 한 가지 길을 정한 것처럼 저는 예수님을 선택했습니다. 그리고 그때부터 예수님을 믿기 시작했습니다.

전도사님을 따라 교회에 나가기로 약속하고 교목실을 나오는 순간, 저는 손목에 차고 있던 염주를 빼 버렸습니다. 한 순간에 '휙' 하고 염주를 **빼** 버렸던 그때의 짜릿한 감격이 지금도 생생합니다. '이제부터 내 인생은 예수님으로 인해 전혀 다른 인생을 살게 되는구나'라는 생각이 밀려 왔습니다. 그리고 계단을 올라가면서 하나님께 첫 기도를 드렸습니다.

"하나님, 제가 예수님을 믿을 수 있게 해준 이 브니엘 고등학교를 평생 후원하겠습니다. 그래서 저 같은 아이들이 더 많이 나올 수 있도록 노력하겠습니다."

이후 저는 교사가 되었습니다. 지금은 브니엘 예술고등학교에서 수학을 가르치고 있습니다. 재작년까지는 지금의 저를 만들어 준 브니엘 고등학교에서 근무했습니다. 제가 근무하는 정선재단에는 브니엘 고등학교, 브니엘 여자고등학교, 브니엘 예술고등학교, 브니엘 국제예술중학교, 이렇게 네 개의 학교가 있습니다.

저는 교사가 될 줄 몰랐는데 하나님께서 교사가 되게 하셨고 그것도 브니엘에서 교사를 할 수 있게 해주셔서 얼마나 감사한지 모릅니다. 하나님께서는 제가 예수님을 믿고 나서 그것이 기도인지도 모르고 했던 "브니엘 고등학교를 평생 후원하겠습니다"라는 기도를 기억하고 계셨다가 "병호야, 후원도 좋지만 너는 아예 브니엘에서 나를 위해서 일해라" 하시면서 이곳에 보내 주셨습니다. 이처럼 저를 향한 하나님의 놀라운 계획하심과 섭리에 그저 감격하고 머리 조아려 감사할 뿐입니다.

"나를 지으신 주님 내 안에 계셔 처음부터 내 삶은 그의 손에 있었죠 내 이름 아시죠 내 모든 생각도 내 흐르는 눈물 그가 닦아 주셨죠."

요즘 들어 이런 찬양 가사가 너무 마음에 와 닿습니다. 제 삶을 가장 아름답고 멋지게 인도해 주시는 하나님을 다시 한 번 찬양합니다.

저는
절하지
안 겠습니다

　　　　　　　　　　　　예수님을 믿고 나서 처음에는 부모님 몰래 교회에 다녔습니다. 그때마다 학교에 공부하러 간다거나 친구들과 공부하러 도서관에 간다는 핑계를 대곤 했습니다. 그렇게 교회를 다니다가 첫 추석을 맞이했습니다. 예전에는 반가운 친척들을 만나고 용돈도 두둑해지는 명절이 좋았는데, 이제는 큰 부담으로 다가왔습니다. 왜냐하면 제사를 지내기 위해 집안의 모든 남자가 나이순으로 서서 차례 상에 절을 해야 했기 때문입니다.

　　저는 걷기 시작할 때부터 한 번도 빠지지 않고 설과 추석 명절에 무조건 제사에 참석해 절을 올렸습니다. 하지만 예수님을 믿게 된 이상 차례 상에 절을 할 수는 없었습니다.

믿음의 집안에서 신앙생활을 하는 사람들은 명절에 대한 압박감과 긴장감을 잘 모를 것입니다. 저는 명절만 다가오면 울상이 되어 하나님께 원망 섞인 기도를 드리곤 했습니다.

"아이코, 아부지, 저를 처음부터 예수 믿는 집에 태어나게 해주시지, 왜 이런 고통을 주십니까. 하나님 아버지, 제발 도와주이소."

도저히 방법이 없을 때는 추석 명절 끝나고 시험이 있기 때문에 시험 공부를 해야 한다고 핑계를 대며 제사를 빠지기도 했습니다. 그러다 결국 할아버지가 돌아가시면서 일이 터지고 말았습니다. 누나로부터 할아버지의 부음 소식을 듣고는 그 자리에 주저앉고 말았습니다. 저는 제 방으로 가서 엉엉 울면서 한탄했습니다.

"하나님 아버지, 제가 대학생이 돼서 할아버지, 할머니께 복음 전할 때까지 두 분 모두 건강하게 오래오래 사시게 해달라고 기도드렸는데, 어떻게 벌써 할아버지를 데려 가십니까."

저는 대학생이 된 후 전도하겠다고 생각한 저 자신이 너무 미웠습니다. '그렇게 미룰 것이 아니라 당장 할아버지를 전도했으면 좋았을 걸' 하는 후회가 밀려 왔습니다. 그러나 이미 때는 늦었고, 제 앞에 닥친 일은 할아버지의 장례식장에 가서 절을 해야 하는 것이었습니다. 저는 더 이상 교회 다니는 것을 숨길 수 없었습니다. 부모님께 크리스천이 되었다고 전부 이야기하고, 할아버지 장례식장에서 절 대신 묵도를 하겠다고 말씀드렸습니다. 그러자 아버지가 크게 노하시면서 저의 **뺨**을 찰싹 때리셨습니다.

"지금 보니 병호 너 추석 때도 참석 안 한 게 절 안 하려고 일부러 그런 기제?"라고 하시며 마구 때리시는데 정말 서럽기 그지없었습니다.

저는 늦둥이로 태어난 귀한 아들이라서 사실 거의 매 한 번 맞는 일 없이 사랑만 받으며 자라왔습니다. 그런데 그렇게 사랑을 주시던 아버지가 매일 퇴근하고 집에 오면 저를 무릎 꿇게 하고 매를 드셨습니다.

"병호 너 교회 계속 다닐꺼가?"

"네, 아버지. 저 교회 다니게 해주세요."

"그라믄 계속 절도 안 할낀가?"

"네, 못합니더."

자상했던 어머니는 저에게 말 한마디 안 건네셨고, 누나들은 저를 설득하기 바빴습니다.

"애, 병호야, 집안의 평화를 위해서라도 그냥 절해라. 절 한 번 한다고 하나님이 설마 벌 주시겠나?"

아버지는 죽은 조상에게 절도 안 하는 배은망덕한 종교가 어디 있냐며 펄쩍 뛰셨습니다. 나중에 들은 이야기이지만 저 때문에 저를 제외한 가족 네 명이 모여 회의를 했다고 합니다. 그때 아버지는 병호에게는 일체 어떤 말도 걸지 말 것이며, 밥 주고 잠만 재워 줄 뿐 용돈도 주지 말라고 하셨답니다.

아버지께 맞아서 멍들고 아픈 것도 괴로웠지만, 늘 사랑만 주시던 부모님이 저를 향해 날카로운 말과 행동만 하시니 그것이 저를 더 힘들게 했습니다.

한 달 동안 매일 같은 일이 반복되니 저도 지칠 대로 지치고 힘들어 하나님께 하소연했습니다.

"하나님, 저 너무 힘듭니다. 절하면 안 되는 걸 알면서도 아버지한테 두들겨 맞고 가족과 매번 맞서야 하니 괴롭습니다. 솔직히 '그냥 절 한 번 하고 회개하면 안 될까' 하는 생각이 자주 듭니다. 매일 밤 아버지가 퇴근하고 오실 때쯤이면 두려워지기까지 해서 어찌할 바를 모르겠습니다."

그때 교회 분들이 저에게 따뜻한 격려의 말을 해주었습니다.

"병호야, 힘내라. 우리가 기도해 주마."

"하나님은 모든 것을 합력해서 선을 이루시는 분이잖니. 하나님은 감당치 못할 시험은 허락지 않는다고 하셨어. 능히 이길 힘을 주실 거야."

이런 위로의 말들이 제게는 정말 큰 힘이 되었습니다.

계속 부모님과 사이가 안 좋던 때였습니다. 어느 날 집에 와 보니 친척들이 모두 우리 집에 와 있었습니다. 예수님 믿고 제사상에 절하려 하지 않는 저 때문에 아버지가 친척들을 집으로 부르신 것이었습니다. 사람이 너무 많아서 남자 어른들만 제 방에 들어오셨습니다. 그리고 저를 가운데 앉히고 돌아가며 나무라기 시작했습니다.

예전에는 서로 장난도 치고 재미있게 놀아 주던 사촌 형들까지 저를 몰아세우니까 저는 너무나 서러워 눈물이 핑 돌았습니다. 우리 집안은 대대로 불교를 믿어 왔으니 불교를 믿으라고 차분하게 말씀하시는 큰아버님, 교회 안 다닌다고 약속하면 내가 아버지한테 용돈을 세 배로 올려 주라고 하겠다고 회유책을 쓰는 사촌형, 계속 교회 다닌다고 하면 진짜 가만 안 있겠다고 호통을 치는 친척 어르신도 계셨습니다.

이렇게 친척들이 걱정하시는 이유는 제가 혹시라도 사이비 종교에 빠져서 조상도 몰라볼까 봐서였습니다. 다 저를 위해서 이러는 것임을 잘 알기에 저는 어떤 원망이나 불평도 하지 않았습니다. 오히려 그런 소리를 들으면서 이분들이 예수님을 모르셔서 이러는 것이니, 잘 견뎌서 나중에 이분들까지 모두 교회에 나오게 해야겠다고 다짐을 했습니다.

저는 친척 어른들께 혼이 난 뒤 잠시 기회를 엿보아 용기 있게 말씀드렸습니다.

"저도 조상님을 존경합니다. 조상님이 계셨기에 지금의 제가 있다는 것을 압니다. 살아 계신 어른께는 천 번, 만 번이라도 절하라면 절하겠습니다. 그런데 제사 지낼 때 절하는 것은 조상에게 하는 것이 아니라 귀신에게 하는 것이라 들었습니다. 우리는 모두 죄인입니다. 그런 우리 죄를 사하시려고 예수님이 십자가에 피 흘려 돌아가셨습니다. 모두 교회 다니면서 예수님 믿고 함께 천국에 갔으면 좋겠습니다."

저의 말에 어른들은 기가 찼는지 더 이상 아무 말씀도 안 하셨습니다.

이후 가족은 성경책, 신앙서적, 찬양집 등을 몽땅 갖다 버렸습니다. 그 권수가 어림잡아 100권은 넘었습니다. 제가 학교 갔다 오면 여지없이 기독교 관련 책들이 찢겨져 버려지거나 없어졌습니다. 저는 그런 광경을 지켜 보며 아픈 가슴을 쓸어내렸습니다.

그러는 사이 어느새 설 연휴가 다가왔습니다. 이번에는 또 어떻게 설 명절을 넘길 것인지 고민이 되어 머리가 아팠습니다. 제가 큰집에 가면 분명히 분위기가 안 좋아질 것 같아서 부모님께 편지를 썼습니다. 설 연휴 동안 친구 집에 가서 공부를 하겠다고, 제가 큰집에 가면 또 제사상에 절 안 한다고 분위기를 망칠 것 같아 안 가는 게 나을 것 같다고 했습니다.

편지를 놓아 두고 친구 집으로 향하면서 서러움에 눈물이 앞을 가렸습니다. 무엇인가에 집중하지 않으면 괴로움을 달랠 길이 없어 저는 도서관에서 계속 공부에 매달렸습니다. 설 연휴 마지막 날에도 저는 변함없이 도서관에서 공부를 하고 있었습니다. 그런데 열람실로 아버지가 찾아오셨습니다. 저는 순간 바짝 얼어붙었습니다. 이렇게 사람 많은 데서 아버지한테 매를 맞게 되면 어쩌나 걱정이 되었습니다.

다행히 아버지는 밖으로 나오라고 조용히 이야기하셨습니다. 저는 안도의 한숨을 내쉬며 아버지의 뒤를 따라 나갔습니다. 아버지는 휴게실로 저를 데리고 가시더니, 일단 앉으라고 하셨습니다. 저는 아버지의 눈치를 살피며 잔뜩 긴장하고 있었습니다. 그런데 이게 웬일입니까. 아버지가 제 옆에 앉아 굵은 눈물방울을 뚝뚝 떨어뜨리더니 이렇게 말씀하시는 것이었습니다.

"그래, 병호야, 예수님 믿어라. 교회 다녀도 좋다. 그리고 제사 때 절 안 하고 묵도해도 좋다. 그러니 다시는 편지 써 두고 나가는 일 없도록 해라."

저는 감격하여 아무 말도 못하고 목놓아 엉엉 울고 말았습니다. 한참을 울다가 아버지를 꼭 안아드리면서 말했습니다.

"아버지, 죄송해요. 그리고 고맙습니다. 앞으로 부모님 말씀 더 잘 듣고, 공부도 열심히 하는 착한 아들이 될게요. 저 때문에 모처럼 친척들이 모여 즐겁게 지내는 명절을 망칠까 봐 그랬어요. 아버지, 다시는 그러지 않을게요."

이 사건 이후로 저는 마음껏 교회에 다니며 자유롭게 신앙생활을 할 수 있었습니다. 더 나아가 불교 달력, 불교 관련 서적, 염주 등 불교와 관련된 물건들을 하나둘씩 버리기 시작했습니다.

가족과 함께 식사를 할 때면 저는 일부러 가스펠을 크게 틀어 놓고 먹었습니다. 밥 먹으면서 좋은 음악을 들으면 밥맛도 더 난다고 너스레를 떨었습니다.

"아버지, 노래 참 좋지요?"

"음…음."

"아버지, 좋으세요, 안 좋으세요? 식사하면서 듣기 딱 좋은 노래지요?"

"그, 그래. 들어 보니 좋은 거 같네. 병호야, 이제 밥 묵자."

"알겠어요. 좋은 찬양 들으면서 밥 먹으니까 밥맛도 좋을 거예요. 맛있게 드세요. 아버지."

아버지는 그 후로 저를 따라 가끔씩 교회에 나오시곤 합니다. 그러나 아직 부처님에 대한 믿음은 저버릴 수 없다며 가족 중에서 유일하게 버티고 계십니다. 그래도 저는 실망하지 않습니다. 언젠가 아버지도 예수님을 믿게 되실 거라 확신하기 때문입니다.

이제는 제가 주일에 피곤해서 뒤척거릴 때면 아버지께서 교회에 늦지 않게 저를 깨워 주십니다. 그리고 저와 함께 어머니와 누나, 매형, 조카들까지 모두 교회에 갈 준비를 하고 있으면, 이렇게 말씀하십니다.

"그래, 너희들한테는 예수님이 맞는갑다. 예수님도 좋은 분일 테니 잘 믿으래이."

평생
예수님을 전하며
살 거예요

제가 예수님을 믿고 나서 처음으로 한 행동이 있습니다. 그것은 바로 저에게 교회 가자고 말했던 세 명의 친구들에게 고맙다는 말을 전하는 것이었습니다. 가장 먼저 목사님의 아들로 중학교 때부터 제가 아무리 괴롭혀도 믿음을 지켰던 친구를 찾아갔습니다.

"친구야, 나 예수님 믿는다. 니 진짜 고맙다. 내보고 교회 가자고 말해 줘서 진짜 고맙다. 교회 가자고 해서 내가 너 싫어하고 막 못 살게 굴고 그랬는데도 나 안 미워하고 교회 가자고 해줘서 얼마나 고마운지 모르겠다. 니가 진정한 친구다. 평생 너 위해 기도할게."

저는 진심으로 그 친구에게 고마운 마음을 전했습니다. 그 친구도 제 마음을 다 안다는 듯 씽긋 웃어 주었습니다. 나머지 두 명의 친구에게도 전화를 걸어 고맙다는 인사를 했습니다.

저는 저에게 복음을 전해 준 세 친구들이 너무나 고마워서 맛있는 것도 사 주고. 제가 다니는 교회 친구들도 소개시켜 주고, 용돈을 모아 형편이 어려운 친구의 학원비를 내 주며 같이 학원에 다니기도 했습니다. 지금도 이 친구들을 위해 매일 기도합니다.

"하나님, 저에게 교회 가자고 말해 준 세 친구들이 뱀처럼 지혜롭고 비둘기처럼 순결하게 해주세요. 아브라함처럼 복의 근원이 되고 다윗과 다니엘처럼 복의 통로가 되게 해주세요. 이들을 통해서 수많은 영혼들이 주께 돌아올 줄 믿습니다."

그러고 나서 행동으로 옮긴 것이 또 하나 있습니다. 저에게는 친구들이 참 많았고, 그중에는 교회 다니는 친구들이 꽤 있었습니다. 저는 저에게 교회 가자고 했던 세 명의 친구를 제외한 나머지 친구들을 한 명 한 명 찾아가기로 마음먹었습니다. 왜 이런 놀라운 비밀을 알고 있으면서도 나에게 한 번도 교회 가자는 말을 하지 않은 것인지 서운해서 그냥 넘어 갈 수가 없었습니다.

저는 그 친구들을 찾아가 교실 밖으로 불렀습니다. 그러고는 "야, 나 예수님 믿는다. 글고 이제 교회도 다니기로 했다"라고 말했습니다. 그랬더니 "와, 축하해, 병호야. 정말 축하해"라고 하는 것이었습니다. 그 말을 듣고 나서 저는 이렇게 묻지 않을 수 없었습니다.

"근데 있잖아. 왜 나한테 교회 가자는 얘기 한 번도 안 했냐? 예수님 믿으면 어디 가? 천국 가지. 그럼 예수님 안 믿으면 어디 가? 지옥 가지. 불교학생회장까지 했던 내가 예수님 안 믿고 그대로 죽었으면 당연히 지옥 갔을 거 아냐. 근데 너는 이런 나한테 어떻게 한 번도 교회 가자는 얘기를 안 할 수가 있냐? 나는 너를 친구로 생각하고 있었는데, 너무 서운한 맘이 들어서 물으러 왔다 아이가."

저의 말을 들은 친구들은 모두 이렇게 대답했습니다.

"어, 있잖아. 그때는 내 믿음이 부족해서 말이야."

"음, 사실 말하려고 했는데, 네가 불교학생회장까지 하고 불교를 너무 잘 믿고 있어서 교회 가자는 이야기를 할 수가 없었어."

"너한테 교회 가자고 말하거나 기독교 이야기를 하는 아이들을 본 적이 있었는데, 네가 그 아이들한테 눈을 부릅뜨고 심하게 협박을 해서 솔직히 말할 엄두가 안 나더라."

너무 서운한 마음에 모두 다 찾아가 따질 생각이었는데, 7명쯤 찾아가서 이야기를 나누다 보니 그 일을 멈출 수밖에 없었습니다. 그 친구들과 이야기를 나눌수록 제가 교회 다니는 친구들에게 못되게 굴었던 기억이 새록새록 생각나서 더 이상 계속 하기 힘들었던 것입니다. 그래도 지나가는 말이라도 한 번쯤은 "교회 한번 가자" 하고 이야기해 줄 수 있지 않았을까 하는 서운한 마음이 너무 커 이렇게 내뱉고 돌아섰습니다.

"그래도 요령껏 잘 전했어야지. 니 임마, 예수님 믿을라믄 똑바로 믿어라. 알긋나?"

이후 저를 전도해 준 전도사님을 찾아가 이야기했습니다.

"전도사님, 이제까지 저한테 교회에 한 번이라도 가자고 했던 아이들에게 찾아가서 고맙다는 말을 하고요, 맛있는 것도 사 주었어요. 그리고 저한테 한 번도 교회 가자는 얘기를 안 했던 친구들한테도 진짜 서운한 마음이 들어서 찾아갔어요. 그리고 너무하다는 얘기를 하다가 왜 나에게 그런 말을 못했는지 이유를 듣게 됐어요."

전도사님은 제 말을 조용히 듣더니 이렇게 물었습니다.

"그럼 병호는 이제 어떤 삶을 살아야 되는지 알겠네?"

그 물음에 저는 바로 이렇게 대답했습니다.

"네, 확실히 알겠어요. 제가 이다음에 어떤 직업을 갖고, 어떤 환경에서 어떤 모양으로 살지는 잘 모르겠지만, 평생 예수님을 전하면서 살 거예요. 그 삶이 가장 복된 삶이고, 가장 아름다운 삶이고, 가장 가치 있는 삶이고, 나중에 하늘나라 갔을 때 하나님께서 '사랑하는 내 아들 병호야, 정말 잘했다' 하며 칭찬하시는 삶이라는 걸 알겠어요."

그 당시 저는 하나님과 예수님에 대해서 잘 아는 것은 없었지만 이런 고백을 전도사님께 드렸습니다. 제가 예수님을 믿게 된 과정을 이렇게 장황하게 이야기한 것은 이것이 저에게 복음을 전하는 강한 동기가 되었다는 것을 말하고 싶었기 때문입니다. 게으름과 나태함 때문에 복음 전하는 일을 소홀히 할 때면, 또 교회 가자는 이야기를 잘안 하고 있을 때면 저는 항상 이 첫 고백을 상기해 봅니다. 예전에 저에게 복음을 전하지 않은 친구가 아닌 교회 가자고 말한 세 친구처럼 살려고 노력하게 됩니다.

02 #

처음에 전도가 잘 될 때는 그것이 전부 제 힘으로 되는 것인 줄 알았습니다. 말만 꺼내면 모두

하지만 어느 정도 시간이 지나면서 저의 한계를 실감하게 되었습니다. 제가 생각해도 정말 공

저를 따라 열심히 교회에 나오는 것을 보면서 확실히 깨달은 것입니다.   인간적으로 너무 잘해

피해 다닙니다. 그런데 저의 미숙함 때문에 덕을 세우지도 못했는데 저를 따라 교회에 오겠다

니다. "하나님, 자석의 자력이 세면 무겁고 크고 멀리 떨어져 있는 못까지 척척 붙습니다. 저로

척척 붙는 주님의 사람이 되게 해주세요."

열혈 청년
전도왕의
전도 노하우

고, 처음에는 가기 꺼려 해도 강한 눈빛 한 번만 보내면 교회에 다 오겠다고 했기 때문입니다.

친구들은 한 번도 교회에 안 나오고, 별로 잘해 준 것도 없고 신경 써 준 것도 없는 친구들은

회에 한번쯤은 나와야 하지 않나 하는 생각이 드는 친구들은 미안한 마음도 없는 듯 저를 잘도

습니다. 그럴 때마다 저는 하나님의 선한 도구임에 불과함을 다시 한 번 느끼며 이렇게 기도합

고 제게 영력과 능력과 부지런함을 주셔서 자력이 강한 자석이 되어 주님의 잃어버린 영혼들이

전도란
무엇일까?

전도는 주님을 모르는 사람들을 교회로 데리고 와 하나님의 자녀로 만드는 일입니다. 저는 이 일을 고등학교 때 예수님을 영접하면서부터 시작했습니다. 그러면서 참 많은 영적 스승을 만났고, 그분들에게서 배운 영적 삶의 경험과 지식으로 저의 부족한 부분들이 하나둘 채워지고 있습니다. 그렇게 하다보니 자연스럽게 '전도란 무엇인가'에 대한 저만의 정의가 생기게 되었습니다. 여기서는 먼저 저의 경험과 영적 스승들의 가르침을 토대로 '전도'에 대한 이야기를 해볼까 합니다.

첫째, 전도는 내가 하는 것이 아니라 하나님이 나에게 그 영혼을 붙여 주시는 것입니다.

이것은 한국 교회에 체계적인 전도의 불을 붙인 분이라는 평가를 받고 있는 민경설 목사님께 배운 것인데, 전도를 하면 할수록 이 정의처럼 완벽한 정의가 없다는 확신이 듭니다. 마치 자석이 못 사이를 지나가면 못들이 자석에게 달라붙는 것처럼 전도도 마찬가지입니다.

자석의 자력 때문에 못이 붙는 것입니다. 자력이 없어진다면 못도 붙지 않을 뿐더러 더 이상 그것을 자석이라고 할 수 없습니다. 저는 자석이 곧 크리스천이고, 자력은 기도와 친절과 섬김이라고 생각합니다.

처음에 전도가 잘 될 때는 그것이 전부 제 힘으로 되는 것인 줄 알았습니다. 말만 꺼내면 모두 교회에 따라오고, 처음에는 가기 꺼려 해도 강한 눈빛 한 번만 보내면 교회에 다 오겠다고 했기 때문입니다. 하지만 어느 정도 시간이 지나면서 저의 한계를 실감하게 되었습니다.

제가 생각해도 정말 공을 들여 잘 해준 친구들은 한 번도 교회에 안 나오고, 별로 잘해 준 것도 없고 신경 써 준 것도 없는 친구들은 저를 따라 열심히 교회에 나오는 것을 보면서 확실히 깨달은 것입니다.

인간적으로 너무 잘해 줬기 때문에 교회에 한번쯤은 나와야 하지 않나 하는 생각이 드는 친구들은 미안한 마음도 없는 듯 저를 잘도 피해 다닙니다. 그런데 저의 미숙함 때문에 덕을 세우지도 못했는데 저를 따라 교회에 오겠다는 친구들도 있습니다. 그럴 때마다 저는 하나님의 선한 도구임에 불과함을 다시 한 번 느끼며 이렇게 기도합니다.

"하나님, 자석의 자력이 세면 무겁고 크고 멀리 떨어져 있는 못까지 척척 붙습니다. 저로 기도하게 하시고 제게 영력과 능력과 부지런함을 주셔서 자력이 강한 자석이 되어 주님의 잃어버린 영혼들이 척척 붙는 주님의 사람이 되게 해주세요."

둘째, 전도는 하나님을 가장 감동시키는 일입니다.

수영로교회 정필도 목사님은 초등학교 6학년 때 예수님을 영접하고 나서 '어떻게 하면 하나님을 가장 기쁘시게 할 수 있을까?', '평생 하나님이 기뻐하시는 일만 하다가 하늘나라 가고 싶다'는 생각을 했다고 합니다. 그러다 전도하는 일이 하나님이 가장 기뻐하시는 일이라는 것을 깨닫고, '우리나라 전 국민을 다 예수님 믿게 만들어야겠다'는 꿈을 꾸게 되었고, 그 꿈을 이루기 위해 목사가 되었다고 합니다.

정필도 목사님이 금요 철야 때 자주 언급하는 성경 인물이 있는데, 그가 바로 다윗입니다.

"다윗은 참으로 훌륭한 사람입니다. 하나님께서 '내 마음에 합한 자'라고 말씀하실 정도로 밧세바 사건을 제외하고는 하나님을 감동시키는 기쁜 일만 한 사람입니다."

여러 번 듣는 말씀이지만 들을 때마다 은혜를 받습니다.

정필도 목사님도 다윗처럼 '하나님이 기뻐하시는 일이 무얼까'를 늘 생각하면서 생활하신다고 합니다. 그래서 어떤 때는 생각만 해도 이미 하나님께서 그 기도를 들어주신다고 합니다. 하나님께서 그 마음의 중심을 보시고 너무 기뻐하시며 그 생각에 바로 응답해 주시는 것입니다.

하나님을 기쁘시게 하는 일에는 여러 가지가 있을 것입니다. 예배 드리는 것, 찬양드리는 것, 기도하는 것, 성경 말씀 읽는 것, 교회에 서 여러 모양으로 봉사하는 것들이 모두 기뻐하시는 일입니다.

이뿐만 아니라 우리에게 주어진 일에 최선을 다하는 것도 하나님 이 무척 기뻐하십니다. 즉, 학생이라면 공부 열심히 하는 것, 직장인 이라면 자신의 일을 충실히 하는 것, 가정주부라면 가족을 위해 정성 껏 밥하고 설거지하고 빨래하는 것 등을 하나님이 기뻐하십니다. 또 주님이 주신 몸을 건강히 지키기 위해 아침, 점심, 저녁을 감사한 마 음으로 맛있게 잘 먹는 것 또한 주님이 기뻐하시는 일입니다.

굳이 다른 무언가를 하지 않더라도 우리 자체가 하나님의 기쁨 덩 어리입니다. 내게 있는 죄를 하나님 앞에 다 쏟아 붓는 회개기도 또 한 하나님을 기쁘게 하는 일이기도 합니다.

하지만 그중에서 무엇보다 가장 하나님을 감동시키고 기쁘시게 하 는 확실한 한 가지가 무엇이냐고 묻는다면 그것은 바로 '전도'입니다. 하나님의 가장 큰 보물은 하나님의 자녀들입니다. 그 자녀들 중에서 울타리를 벗어난 어린 양과 같은 영혼을 보는 하나님의 마음은 어떠 실까요?

"너희 생각에는 어떠하냐 만일 어떤 사람이 양 백 마리가 있는데 그중의 하나가 길을 잃었으면 그 아흔아홉 마리를 산에 두고 가서 길 잃은 양을 찾지 않겠느냐 진실로 너희

에게 이르노니 만일 찾으면 길을 잃지 아니한 아흔아홉 마
리보다 이것을 더 기뻐하리라"^(마 18:12-13).

바로 잃어버린 양을 찾는 것이 전도인데 하나님이 가만히 지켜만
보고 계실까요? 아닙니다. 모든 지원을 아끼지 않으실 것은 물론이
고 우리가 그들을 향해 가는 한 걸음 한 걸음을 기쁘게 생각하실 것
입니다.

셋째, 전도는 강권입니다.

강권을 영어로 말하면 'pressing'이라고 하는데, 'press'는 '압력을
가하다, 누르다'라는 뜻을 가지고 있습니다. 그리고 한글로 풀어서
해석하면 강력하게 권한다는 뜻입니다. 이 단어의 뜻처럼 전도는 그
냥 가볍게 권하는 것이 아니라 강력하게 권하는 것입니다.

부산에는 해운대라는 아름답고 유명한 바다가 있습니다. 요즘에
는 광안대교 때문에 광안리도 전국적으로 유명해졌습니다. 특히 밤
10시부터 새벽 2시까지 광안대교에 조명이 켜지는데 그 아름다움은
말로 다 표현하기 어렵습니다.

가령 서울에 사는 친구들이 "여름휴가 때 어디 가면 좋을까?" 하고
제게 물었다고 합시다. 그러면 저는 그 친구들에게 해운대와 광안리
바다가 너무 아름답고 멋지니 휴가 때 놀러 오라고 말할 것입니다. 여
기보다 더 좋은 곳은 없다고 입에 거품을 물고 자랑할 것입니다. 이렇
게 말하는 것은 제안입니다. 그리고 그 친구는 제 말을 듣고 부산에

올 수도 있고 제주도나 정동진처럼 다른 곳으로 갈 수도 있습니다.

하지만 전도라는 것은 이런 식의 제안이 결코 아닙니다. 구멍 난 낙하산을 등에 짊어지고 절벽에서 뛰어내리려는 친구를 보고 "그 낙하산 메고 뛰지 않는 게 좋을 걸?" 하고 말하는 사람은 없습니다. 그 사실을 안 이상 어떻게 해서든 말리고, 그래도 말을 안 듣고 절벽을 향해 달려간다면 넘어뜨리거나 기절을 시키는 한이 있더라도 그 친구가 못 뛰게 할 것입니다. 한두 번 뛰지 말라고 말하다가 "아이고, 모르겠다. 그래 너 좋을 대로 해라" 하고 놔두는 사람은 아마 없을 것입니다.

세상 사람들은 불교, 이슬람교, 힌두교 그리고 무신론과 같이 구멍 난 낙하산을 메고 절벽을 향해 힘차게 달려가고 있습니다. '이 낙하산이 있기에 나는 안전하다'는 확신을 가지고 말입니다. 우리 크리스천들은 그 낙하산이 불량품인 것을 다 알고 있지 않습니까?

절벽에서 꼭 뛰어내려야 한다면 안전한 정품 낙하산을 친구에게 착용시킬 것입니다. 실제로 절벽에서 땅으로 내려올 때는 낙하산을 이용하든, 케이블카를 이용하든, 걸어서 내려오든, 구조 헬기가 올 때까지 기다리든 자유이지만, 죽음이란 절벽 앞에서는 누구나 선택의 여지없이 밑으로 떨어집니다. 그렇기 때문에 우리는 친구에게 이 세상 유일한 정품 낙하산인 '예수 그리스도 낙하산'을 친구의 등에 강제로라도 메어 줘야 합니다.

컴퓨터 시뮬레이션으로 보여 주거나 마네킹에 친구의 구멍 난 낙하산을 매달아서 뛰어내렸을 때의 결과를 실험으로 직접 보여 주면 그 친구는 분명 절벽 아래로 안 뛰어내릴 것입니다. 예수 그리스도의 낙하산을 제외한 이 땅의 모든 종교의 낙하산들은 다 불량품입니다. 저는 이 사실을 직접 눈으로 보여 줄 방법만 있다면 당장 그것을 실천에 옮길 것입니다.

하지만 성경에서 "믿음은 바라는 것들의 실상이요 보이지 않는 것들의 증거니"(히 11:1)라고 말씀하고 있듯이 우리는 직접 눈으로 보지 못했지만 천국과 지옥이 있다는 사실을 압니다. 그러기에 강권을 해서라도 친구들을 예수께로 나아오게 해야 하는 것입니다.

이 강권을 거부감이 안 생기도록 부드럽게 잘하는 사람이 전도를 잘하는 사람이라고 들었습니다. "저 사람이 말하면 왠지 거절하지 못하겠다"는 말이 나오게 하는 사람이 능력 있는 사람입니다. 이 강권을 잘하게 해달라고 하나님께 기도하십시오. 전도는 강권입니다. 강권 잘하는 자신만의 기술을 연마하십시오. 그 기술은 비단 전도하는 데뿐만 아니라 사회생활을 함에 있어 서로 여러 도움을 줄 것입니다.

넷째, 전도는 절벽 위에 있는 아기를 달래서 구하는 것입니다.

제가 존경하는 한 목사님을 통해서 '전도란 이런 것이다'라는 비유를 들었습니다.

절벽 난간 위에 아기가 있습니다. 그 아기가 한 걸음만 더 내딛게 되면 절벽 아래로 떨어지고 맙니다. 위험하니 움직이지 말라고 소리를 치거나 아기를 구하기 위해 순간 확 달려들어 낚아채려 하다간 아기가 놀라서 바로 절벽 아래로 떨어지게 될 것입니다. 이럴 때는 오히려 "까꿍" 하고 환히 웃으며 아기에게 천천히 다가가 안심을 시킨 다음 일정거리에 도달하면 와락 껴안아야 합니다.

전도도 이것과 비슷합니다. 너무 밀어 붙여도 안 되고 그렇다고 나 몰라라 해서도 안 됩니다. 어떻게든 지혜롭게 그 영혼에게 다가가 어느 시점이 되면 확 잡아당겨야 하는 것입니다.

너무 강하게도 말고 그렇다고 무관심도 아닌, 정말 지혜롭게 상대에게 다가가는 것. 이것이 전도의 시작입니다.

내가 전도하는 10가지 이유

성경을 보면 "하나님의 지혜에 있어서는 이 세상이 자기 지혜로 하나님을 알지 못하므로 하나님께서 전도의 미련한 것으로 믿는 자들을 구원하시기를 기뻐하셨도다"(고전 1:21)라고 말씀하고 계십니다.

하나님께서는 우리를 통해 전도의 방법으로 안 믿는 자들을 구원하시기를 기뻐하십니다. 이 얼마나 감사하고 영광스러운 일입니까. 하나님의 구원 사역에 우리를 동참시켜 주신다니 말입니다. 저 또한 죄로 인해서 스스로 구원을 받지 못하고 하나님의 전적인 은혜로 말미암아 구원받았는데 이런 저를 다른 이들을 구원하는 데 써 주시니 그저 감사할 따름입니다.

처음 전도할 때 사탄이 가끔 "어이쿠, 네가 뭔데 전도를 하냐? 그럴 자격이 있냐?"라고 공격할 때가 있었습니다. 아무리 생각해도 이 일을 할 자격이 안 되는데, 하나님께서 "나는 이 일을 하는 데 네가 필요하다. 나와 함께 해다오"라고 말씀하시면 게임 끝난 것 아닙니까? 그때부터 사탄의 속삭임은 조금도 신경 쓰이지 않았습니다.

예전에 이런 생각을 한 적이 있습니다.

'하나님도 참, 천국 한 번 보여 주셨다가 지옥 한 번 구경시켜 주면서 너 어디 가겠냐고 한마디만 하시면 될 걸, 왜 그렇게 시간 들여서 전도를 하게 하시는 거지?'

꿈속에서 예수님을 만나고는 교회 나왔다는 이야기도 들어보긴 했지만 대부분의 사람들은 전도를 통해 교회로 인도됩니다. 이것은 하나님이 우리와 동역하길 원하시고 우리에게 복 주시기 위해서입니다. 이 일에 동참하도록 해주신 것도 감격인데 복까지 주시다니, 얼마나 놀라운 은혜입니까.

제가 그리 오래 산 것은 아니지만 지금까지 살면서 몇 가지 깨달은 것이 있습니다. 하나님이 하라고 하는 일은 꼭 하고, 하지 말라고 하는 일은 하지 말아야 한다는 사실입니다. 또 한 가지는 하나님의 관심사에 나의 관심을 일치시키면 나에게 평강이 오고 기쁨이 오더라는 사실입니다. 게다가 복까지 덤으로 옵니다.

하나님의 최고의 관심사 가운데 하나인 전도에 나의 마음을 집중시

켰을 때 하나님의 도우심과 인도하심의 손길을 느낄 수 있습니다. 하나님이 미리 앞서 준비해 두신 여호와 이레를 체험해 보십시오. 그 경험을 한 번 하고 나면 전도 안 하고는 못 견딜 것이라 확신합니다.

그러면 제가 전도하는 이유를 구체적으로 이야기해 보겠습니다.

첫째, 전도는 영혼을 살리는 일이기 때문입니다.

어느 책에 있는 한 가지 이야기를 해 보겠습니다.

전도가 너무나 당연한 것이라는 사실을 비유를 통해 잘 말하고 있는 내용입니다.

옆집에 암으로 죽어가는 한 아이가 있습니다. 그리고 그 암 치료법을 제가 알고 있습니다. 그런데 제가 여러 가지 사정으로 그 치료법을 미처 알려주지 못했고 결국 그 아이는 죽고 말았습니다. 나중에 그 암 치료법을 알고 있었는데도 말해 주지 않았다는 것을 그 부모가 알았다면 당장 찾아와서 화를 낼 것입니다. 아니, 화를 내는 정도가 아니라 "이 나쁜 사람아, 어떻게 치료법을 알고 있었는데도 말해 주지 않았어? 당신이 직접 죽이진 않았지만 당신은 살인자와 같아"라고 말할 것입니다.

저는 이 이야기에 너무나도 동감합니다. 왜냐하면 앞서 이야기했듯이 제가 예수님을 믿고 나서 교회에 가자는 이야기를 한 번도 하지 않은 친구들에게 찾아가서 따지듯이 서운함을 표현한 경험이 있기 때문입니다.

우리가 알고 있는 복음은 암 치료법을 알고 있는 것과는 비교도 할 수 없을 정도로 훨씬 더 소중하고 값진 것입니다. 그것은 천국 문을 열 수 있는 예수 그리스도의 놀라운 복음의 능력입니다.

가까운 이웃들이 이런 천국 복음에 대한 이야기를 한 번도 듣지 못하고 지옥에 간다면 어떻겠습니까? 죽은 아이의 부모는 소리 지르며 살인자라고 따질 수나 있지만 지옥 불에 떨어진 사람은 어떤 원망도 할 수 없습니다. 만약 지옥 불에 떨어진 사람이 한 번이라도 찾아와서 "야, 이 나쁜 사람아. 어떻게 단 한 번이라도 교회 가자는 얘기를 안 할 수가 있느냐"라고 따진다면 전도 안 할 사람이 한 명도 없을 것입니다.

둘째, 예수님이 전도를 위해 이 땅에 오셨고 우리에게도 전도하라고 말씀하셨기 때문입니다.

"새벽 아직도 밝기 전에 예수께서 일어나 나가 한적한 곳으로 가사 거기서 기도하시더니 시몬과 및 그와 함께 있는 자들이 예수의 뒤를 따라가 만나서 이르되 모든 사람이 주를 찾나이다 이르시되 우리가 다른 가까운 마을들로 가자 거기서도 전도하리니 내가 이를 위하여 왔노라 하시고 이에 온 갈릴리에 다니시며 그들의 여러 회당에서 전도하시고 또 귀신들을 내쫓으시더라"(막 1:35-39).

"날이 밝으매 예수께서 나오사 한적한 곳에 가시니 무리가

찾다가 만나서 자기들에게서 떠나시지 못하게 만류하려
하매 예수께서 이르시되 내가 다른 동네들에서도 하나님
의 나라 복음을 전하여야 하리니 나는 이 일을 위해 보내
심을 받았노라 하시고 갈릴리 여러 회당에서 전도하시더
라"(눅 4:42-44).

"예수께서 나아와 말씀하여 이르시되 하늘과 땅의 모든 권
세를 내게 주셨으니 그러므로 너희는 가서 모든 민족을 제
자로 삼아 아버지와 아들과 성령의 이름으로 세례를 베풀
고 내가 너희에게 분부한 모든 것을 가르쳐 지키게 하라
볼지어다 내가 세상 끝날까지 너희와 항상 함께 있으리라
하시니라"(마 28:18-20).

인간의 몸으로 오신 왕 되신 예수님이 친히 여러 동네를 다니며 전
도하시는 모습을 보이셨습니다. 우리도 예수님을 본받아 당연히 전
도해야 합니다. 복음을 전하라는 그분의 말씀에 기쁨으로 "아멘"이라
화답하고 순종하는 삶이 가장 복된 삶입니다.

셋째, 하나님께 전도자로 쓰임받는 것이 감사하기 때문입니다.

하나님의 선한 도구로 사용받는 것이 그저 행복하고 좋습니다. 저
보다 더 잘나고, 똑똑하고, 멋진 사람들이 많음에도 부족한 저를 통해
영혼 구원을 하시겠다는데 이보다 더 좋은 일이 어디 있겠습니까?

베드로는 예수님을 세 번 부인하고 심한 자책감을 경험한 뒤 다시 갈릴리로 가서 고기잡이를 합니다. 예수님이 부활하신 후 다시 찾아오신 날은 밤새도록 고기 한 마리를 잡지 못한 날이었습니다. 하지만 예수님의 말씀대로 배 오른쪽에 그물을 던져 그물이 찢어지도록 많은 153마리의 물고기를 잡습니다. 요한이 "주님이시다"라고 외치자 베드로는 겉옷을 두른 후 바다로 뛰어내려 예수님께로 갑니다.

예수님은 조반을 함께하시고 나서 베드로에게 세 번이나 "네가 나를 사랑하느냐?"라고 물으십니다. 부끄러워서 얼굴을 들 수도 없는 베드로입니다. 그런데 세 번씩이나 물으시니 결국 마지막 물음에는 베드로가 근심하며 대답합니다.

"내가 주님을 사랑하는 줄을 주님께서 아시나이다."

이에 대해 예수님은 "내 양을 먹이라"고 말씀하십니다. 예수께서 베드로에게 세 번이나 물으신 이유는 예수님을 세 번이나 부인한 베드로의 마음 가운데 있는 패배감과 자책감을 완전히 치유하기 위한 것이었습니다.

예수님의 입장에서 보면 예수님의 가장 큰 보물은 하나님의 자녀인 '우리'입니다. 예수님의 보물인 어린 양들을 사랑하는 제자 베드로에게 맡기시는 장면을 상상하면 너무나 기쁩니다. 예수님을 세 번이나 부인한 베드로를 다시 찾아오셔서 변함없는 사랑을 보여 주신 예수님. 그리고 예수님의 보물들을 부탁받은 베드로의 마음은 감격과 기쁨과 감사함으로 감정이 북받쳐 올랐을 것입니다.

사실 예수님을 세 번 부인한 베드로처럼 저 또한 예수님의 보물들을 전도하고 인도할 자격이 전혀 없습니다. 그럼에도 불구하고 예수님은 저를 사랑한다 하시고 저를 복의 통로로 삼아 구원을 이루려고 하십니다. 아, 이런 예수님의 사랑에 어찌 감사하지 않을 수 있겠습니까. 전도할 수 있다는 자체만으로도 감사하고 또 감사할 뿐입니다.

넷째, 하나님께 복을 받고 싶기 때문입니다.

우리나라는 세계 유일의 분단국가입니다. 38선을 경계로 남한과 북한이 대치하고 있습니다. 대한민국의 남자라면 특별한 사유가 없는 한 군대를 가게 되는데 후방에 배치되어 군생활을 했으면 "편하게 군생활 하고 왔겠네"라는 말을 듣게 되고, 반대로 최전방에 배치되어 군생활을 했으면 "너 참 고생 많이 했겠다"라는 말을 듣게 됩니다. 추운 날씨 속에서 훈련 받았다는 것, 바로 눈앞에 북한군이 있기에 한시도 긴장을 늦출 수 없다는 것, 상황이 벌어지면 훈련이 아닌 실전이 된다는 것 때문입니다.

이런 최전방에 있는 군인들에게 군수 물자의 보급이 끊어질 일은 없습니다. 군복이며 군화며 부족할 일이 없는 것입니다. 만약 부족하다고 해도 최전방부터 보급이 이루어지고 후방으로 보급품이 내려올 것입니다. 그리고 최신식 무기며 제트기며 탱크는 후방에 있지 않고 전방에 배치되어 있습니다. 언제 전시 상황이 될지 모르기 때문에 최전방에 배치되는 것은 당연한 일입니다.

이처럼 이 땅의 전쟁에서도 최전선에 보급품이 먼저 공급되고 좋은 무기들이 우선 배치되듯이, 영적 전쟁에서도 그렇습니다. 전도는 영적 최전방에서 하는 전쟁입니다. 때문에 전도하는 사람에게는 기도가 빨리, 풍성히 응답됩니다. 우리가 생각하지 못한 것까지 넘치도록 받습니다. 영적 최전방에 전쟁하러 나가는 하나님의 거룩한 아들 딸들에게 하나님이 맨손으로 나가 장렬히 싸워서 목숨을 다하라고 하시겠습니까? 결코 아닙니다. 어떻게든 훈련시키고 영적으로, 물질적으로 무장시켜서 내보내십니다. 이것은 당연한 것입니다. 저는 이렇게 풍성히 부어 주시는 복들 때문에 전도를 멈출 수가 없습니다.

제가 간증집회와 전도 세미나에 가서 강의하면 어떤 분들은 저보고 "병호 형제는 당연히 내적 동기^(전도자로 쓰임받는 것에 대한 감사)가 강하겠네요?"라고 물으십니다. 그럴 때마다 저는 솔직히 이야기합니다. "아니오. 내적 동기 때문에 감사함으로 전도하지만 하나님께서 주시는 복인 외적 동기 때문에도 전도하는데요."

저는 욕심이 많습니다. 내적 동기든 외적 동기든 누릴 수 있는 것은 다 누리고 싶습니다.

다섯째, 전도의 삶이 이 땅에서 가장 가치 있고, 보람되고, 아름답고, 행복한 삶인 줄 알기 때문입니다.

텔레비전에서 보면 종종 119 아저씨들이 바다에 빠진 사람을 구하거나 위급한 환자에게 응급조치를 해서 목숨을 구하고 나면 너무나 큰 보람을 느낀다고 하는 인터뷰를 보게 됩니다. 이처럼 길어야 100년 정도 사는 사람의 목숨을 살리는 일을 하는 분도 그 일에 보람을 느끼는데 하물며 영원히 살도록 이끄는 전도자가 자신의 삶의 가치

와 보람을 느끼는 것은 당연한 이치 아니겠습니까?

저는 정말 확신합니다. 이 땅에서 100억, 1,000억을 벌면 제 주위 사람들이 기뻐할 것이고 무엇보다 제가 가장 기쁠 것입니다. 하지만 하나님은 그렇게 많은 돈을 벌어서 무엇을 했는지에 더 관심이 있으십니다. 그 돈으로 사치하고 유흥하는 데 썼다면 하나님은 벌을 내리실 것이지만, 그 돈을 전도하는 데 사용했다면 하나님께서 그것처럼 기뻐하실 일은 없다고 확신합니다.

여섯째, 배짱 있는 기도, 이유 있는 기도를 할 수 있기 때문입니다.

우리는 하나님 아버지께 복을 달라고 기도해야 합니다. 역대상 4장 10절 말씀을 보면 하나님이 존귀한 자라고 인정한 야베스가 "이스라엘 하나님께 아뢰어 이르되 주께서 내게 복을 주시려거든 나의 지역을 넓히시고 주의 손으로 나를 도우사 나로 환난을 벗어나 내게 근심이 없게 하옵소서 하였더니 하나님이 그가 구하는 것을 허락하셨더라"고 나옵니다.

야베스가 복에 복을 더해 달라고 기도한 것처럼 저희도 이렇게 기도해야 한다고 생각합니다. 아버지께 복 달라고 기도하는 것은 당연한 것이고 하나님도 이렇게 기도하는 우리를 기뻐하실 것입니다.

하지만 저는 다음 기도도 하나님을 기쁘시게 하는 기도라고 생각합니다.

"하나님 아버지, 제가 우리 과 친구들을 전도하려고 합니다. 그러기 위해서 밥을 사 주면서 호감을 갖게 하고 더 친해질 수 있는 계기를 만들고 싶습니다. 그리고 계속 친절을 베풀어서 교회에 올 수 있도록 노력하려고 합니다. 하나님, 물질이 필요합니다. 제가 전도하려는 친구들에게 베풀 수 있도록 물질을 허락해 주세요. 그리고 제게 지혜를 주세요. 전도하려는 친구들이 모르는 문제가 있으면 가르쳐 주고 싶습니다. 이렇게 진심으로 친절을 베풀면 분명히 친구들의 마음 문이 열릴 것입니다. 예수님의 이름으로 기도드립니다. 아멘."

저는 고등학교에서 수학을 가르치는 교사입니다. 그래서 부등식을 참 좋아합니다. '5가 2보다 크다.' 이것을 기호로 나타내면 '5>2'입니다. 굳이 제가 좋아하는 부등식으로 비교하자면 "그냥 복 주세요"라는 기도를 백 번 하는 것보다 "전도하려는 친구가 있는데 물질이 필요합니다. 채워 주세요. 지혜를 주세요"라고 기도 한 번 하는 것이 더 크고 하나님이 더 기뻐하시는 기도라고 생각합니다. 구하는 동기가 선하고 하나님의 초점에 나의 관심을 맞추고 드린 기도이기 때문입니다.

저는 장난을 잘 치는 개구쟁이입니다. 그래서 가끔씩 친구들에게 장난을 치곤 하는데 어쩌다 보니 하나님께 기도할 때도 장난 섞인 기도를 할 때가 있습니다.

"하나님 아버지, 저에게 복 주셔야 하고, 하는 모든 일이 잘 되게 해 주셔야 합니다. 왜냐하면 제가 교회 다닌다는 사실을 제가 전도하려는 사람이 다 알기 때문입니다. 그런데 만약 제가 하는 일마다 변변찮고 아는 것도 없이 무식해서 찌질하다는 소리를 들으면 전도가 되겠습니까? 교회 다니지 않는 사람들이 '병호 저 자식 교회 다닌다고 시간 다 뺏겨서 지 할 일도 못하고, 되는 일도 없나 보네. 교회 가면 저렇게 되는가 보다. 절대 나는 교회 가지 말아야지'라고 생각하면 큰일이지 않습니까?

하나님께서는 하나님의 이름을 망령되이 일컫지 말라 하셨고, 하나님을 영화롭게 하시기 위해 우리를 창조하셨습니다. 제가 사람들한테 '파이다'(부산말로 나쁘다는 뜻)라는 소리를 들으면 저보다 하나님이 더 난처해지십니다. 저는 잠깐 창피하고 말겠지만 하나님은 더 크게 창피하실 것입니다. 하나님, 그러면 안 되시겠죠? 그러니까 저 잘 되게 해주세요."

제가 이렇게 버릇없는 기도를 드리는데도 우리 좋으신 하나님께서는 "병호 저 자식! 뭐 저런 놈이 다 있노?"라고 말씀하시지 않고, '저 철없는 녀석, 그래도 보는 사람마다 복음을 전하고 다니는 걸 보니 빨리 다듬어서 멋진 녀석으로 만들어야겠다'라고 생각하실 거라 믿습니다. 저는 이런 기도를 이유 있는 기도라 여기면서, 감히 하나님께 배짱을 부리며 기도합니다. 한 가지 확실한 것은 이런 저의 무엄한 기도라도 하나님께서는 귀엽고 사랑스럽게 봐 주신다는 사실입니다.

일곱째, 예수님 안 믿는 사람들을 보면 불쌍하다는 생각이 들어서 입니다.

예수님을 모르는 사람들을 만나면 측은한 마음이 들어 어떻게 해서든 교회에 데리고 가서 예수님을 소개해 주려고 합니다.

부산에는 지하철이 3호선까지 있습니다. 2, 3호선에서는 잘 보지 못하는데, 1호선에서는 전동차 안에서 구걸하는 분들을 심심찮게 볼 수 있습니다. 손목이 없는 분, 한쪽 다리가 없는 분, 소아마비에 걸린 분 등 몇몇 분들이 전동차 안을 다니면서 도와달라고 합니다. 그러면 제가 봤을 때 한 칸에 네다섯 분 정도는 지갑을 열어 동전이나 천 원짜리 한 장을 주는 경우를 봅니다.

그 전동차 안에서 도와달라고 하는 사람을 보면 사람들마다 여러 다양한 생각을 하겠지만 저 사람이 진짜일까, 가짜일까 관찰하는 경우가 많을 것입니다. 사실 저도 그런 생각을 합니다. 그리고 저 같은 경우는 가짜 같다, 연기하는 것 같다는 생각이 들면 도와주지 않습니다. 사랑이 훨씬 넘치는 사람이라면 그런 것에 신경 쓰지 않고 무조건 도와주겠지만 저는 진짜 도움이 필요한 분이라는 생각이 들 때만 도와드립니다.

이런 것처럼 저는 사람을 만나면 제일 먼저 교회를 다니는지 안 다니는지부터 파악하는 습관이 있습니다. 즉 예수님을 믿느냐 안 믿느냐로 나누는 이분법적 사고를 합니다. 남자든 여자든, 나이가 나보다 많든 적든, 어떤 직업을 가지고 있든지 간에 예수님을 믿느냐 안 믿느냐가 저의 첫 번째 주된 관심사입니다.

예수님을 믿는 사람을 새로 알게 되면 어느 교회 다니는지, 목사님은 어떤 분인지, 그 교회 청년부는 어떤지에 대해 이야기를 나누며 가까워집니다. 하지만 예수님을 모르는 사람을 만나면 어떻게 해서든지 그와 친해지려고 합니다. 예수님을 아직 안 믿는다는 사실이 너무 안타깝고 측은하기 때문이며, 친해져야 교회 가자고 할 수 있고 예수님을 마음껏 소개시켜 줄 수 있기 때문입니다.

여덟째, 크리스천은 전도를 사명으로 받았기 때문입니다.

마라톤 경기는 페르시아 전쟁에서 승전보를 알리다 죽은 아테네 병사의 일화에서 비롯되었다고 합니다. 기원전 490년 그리스의 밀티아데스는 아테네 북동쪽에 있는 마라톤 평야에서 그리스를 침략한 페르시아 군을 격파했습니다. 이때 그리스의 한 병사가 자신들의 승리를 알리기 위해 약 40킬로미터를 달려 "우리가 이겼노라!"고 아테네 시민들에게 알리고 탈진하여 그 자리에 쓰러져 숨졌습니다. 이 기쁜 소식을 알린 병사의 행동은 지극히 자연스럽습니다. 만약 이 사람이 전하지 않았다면 틀림없이 다른 병사가 달려와서 승전 소식을 전했을 것입니다. 병사는 비록 몸은 너무 힘들었지만 어서 빨리 승전 소식을 전하고 싶어서 쉬지 않고 달리고 또 달린 것입니다.

이처럼 사명감은 전도를 자연스럽게 하는 동기가 됩니다.

아홉째, 예수님을 믿는 순간 우리는 모두 하늘나라의 대사가 되기 때문입니다.

"너희는 택하신 족속이요 왕 같은 제사장들이요 거룩한 나라요 그의 소유가 된 백성이니 이는 너희를 어두운 데서 불러 내어 그의 기이한 빛에 들어가게 하신 이의 아름다운 덕을 선포하게 하려 하심이라"(벧전 2:9).

자신의 죄를 고백하고 예수님을 마음속에 구주로 모시면 하나님의 자녀가 됩니다. 그와 동시에 천국 시민이 되고 하늘나라의 대사가 됩니다.

저는 초등학교 때 특히 우리 반의 계주 선수로 뽑히는 것을 아주 자랑스럽게 생각했습니다. 초등학교 2학년, 4학년 두 번을 제외하고 1, 3, 5, 6학년 때, 그리고 중학교 3년, 고등학교 3년 내내 저는 반 대표로 뽑혔습니다. 반 대표로 뽑힌 저는 최선을 다했습니다. 항상 우리 반의 마지막 주자로 뛰었는데 마지막 한 바퀴를 남기고 앞선 주자를 따라 잡아서 역전승이라도 한 날에는 모두들 저를 공중에 띄우며 승리를 축하했습니다. 반대로 제가 역전당해서 준우승을 한 적도 있었습니다. 그때는 원망의 화살이 저에게 날아왔지만 저는 담담하게 감당했습니다. 왜냐하면 반 대표 계주 주자라는 책임을 져야 했기 때문입니다.

이처럼 반별 대표 주자로 뽑혔을 때도 얼굴이 하얗게 질리도록 최선을 다해 달렸는데, 하물며 하늘나라의 대표 선수로 뽑힌 상황에서 최선을 다해야 마땅하지 않겠습니까?

수영로교회 바로 옆에는 중국 영사관이 있습니다. 담을 하나 사이에 두고 있는데, 하얀색 건물로 크고 아름답게 잘 지어져 있습니다. 처음 교회 다니는 몇 달 동안은 영사관 앞으로 안 다녔기 때문에 저는 굉장히 큰 부자가 저희 교회 바로 옆에 호화로운 집을 짓고 사는 줄 알았습니다.

하루는 중국 비자를 발급 받아야 할 일이 있어 그곳에 들어간 적이 있는데 내부도 외관 못지않게 멋있었습니다. 특히 저의 눈에 띈 것은 당당하고 자신감 넘치는 영사님이었습니다. 처음부터 그분이 영사님 인지는 몰랐습니다. 평범한 옷차림을 한 여성분이었는데 로비에서 비자 신청서를 작성하는 제 옆을 쓱 지나가면서 "그렇게 하면 안 돼요. 주소를 더 명확하게 적어야지요"라고 말하는 것이었습니다. 저는 '웬 아주머님이 이렇게 우렁차게 말씀하시는 거지?' 하고 쳐다보았습니다. 나중에 그분이 영사님인 걸 알았고, 아무 말을 하지 않아도 그분만의 포스가 느껴졌습니다.

당당하고 시원시원하게 업무를 처리하고 직원들에게 일을 시키는 모습이 멋져 보였습니다. 한번은 어떤 여자 분이 왜 비자를 발급해 주지 않느냐고 따지자 그 영사님은 얼굴 한번 붉히지 않고 차분하고 명확한 목소리로 왜 비자 발급이 안 되는지 또박또박 설명했습니다. 그때 저는 이런 생각이 들었습니다.

'아, 이 땅의 영사님도 저렇게 당당하고 자신감 넘치는 모습으로 자신의 일에 최선을 다하는데, 하늘나라의 대사인 나는 저분에게 뒤지지 않을 자신감을 가지고 주어진 일에 최선을 다해야겠다.'

그렇습니다. 우리 크리스천은 하나님의 복음의 전권을 맡은 하늘나라의 대사입니다. 대사의 모습으로, 자신감 있고 성실하게 주어진 임무를 잘 감당해야 할 것입니다.

열째, 저 자신의 신앙상태를 체크할 수 있기 때문입니다.

제가 하나님께 예배를 드리는 중에 은혜를 많이 받고 성령 충만하고 영적으로 깨어 있을 때는 저절로 전도가 됩니다. '제가 전도를 하고 있다'기보다는 '그냥 전도가 된다'는 것이 더 맞는 말일 듯합니다. 달리 말하면 제가 자연스럽게 전도를 잘하고 있다는 뜻이기도 합니다.

하지만 제가 말씀 생활을 게을리 한다든지, 예배 때 집중하지 못해서 은혜를 받지 못했다든지, 바쁘다는 핑계로 기도생활을 등한시해서 하나님으로부터 제대로 공급을 받지 못했을 때는 전도가 잘 되지 않습니다.

저는 상태가 좋을 때는 늘 환하게 웃는 얼굴로 다니며 10초 동안만 대화하더라도 자연스럽게 교회 가자는 소리가 나옵니다. 하지만 영적인 상태가 안 좋을 때는 친구들이랑 한두 시간, 심지어 하루 종일 같이 있더라도 교회 가자는 소리가 안 나오고 그 타이밍을 맞추기가 힘듭니다.

그래서 제가 요즘 전도를 어떻게 하고 있는지를 보면 저의 현재 영적 상태를 아주 세밀하게 알 수 있습니다. 전도를 많이 하고 적게 하고를 떠나서, 제가 지혜롭고 담대하게 웃으며 교회 가자는 이야기를 잘 하고 있다면 영적 상태가 좋은 것이고, 입 밖으로 자연스럽게 교회 가자는 소리가 나오지 않는다면 영적 상태가 좋지 않은 것입니다. 그때는 즉시 제 삶을 돌아보고 신앙 상태를 점검합니다.

저는 아주 단순한 삶을 삽니다. 원래 단순한 사람이기 때문에 복잡하게 살려고 해도 그렇게 살 줄을 모릅니다. 그래서 "야, 이번 주에 교회 한번 가보자"라는 이야기가 술술 잘 나오면 신앙생활 잘하고 있고, 애를 써도 교회 가자는 말이 안 나오면 제 신앙생활의 이상 신호이기 때문에 바로 정신을 차릴 수가 있습니다.

하루는 교회에서 아주 가깝게 지내는 동생이 "병호 형은 큰 어려움 없이 신앙생활을 꾸준히 잘하는데 그 비결이 뭐예요?" 하고 물었습니다. 그 질문에 대한 대답은 바로 이것입니다.

"교회 가자"라는 말을 잘 하는 것.

전도 잘하는
12가지 방법

　　　　　　전도 잘하는 방법을 이야기하기 전에 제가 어떤 사람인지 알릴 필요가 있을 것 같습니다. 간증하러 가서도 전도 잘하는 방법을 말하기 전에 저 자신이 매우 모자란 사람이란 것을 이야기하고 나면 많은 사람이 저에게 사람 냄새가 난다며 좋아했고, 그제야 마음의 빗장을 확 열고 제 간증을 듣는 것을 피부로 느꼈습니다. 그래서 포장하지 않고 있는 그대로의 인간 '최병호'에 대해 이야기하려고 합니다.

저는 아주 어리바리한 인간입니다. 정말 덜렁대기 싫은데 가끔은 제가 생각해도 너무 꺼벙하고 바보 같습니다. 어리바리한 저의 행동 때문에 일어난 일이 한두 가지가 아닙니다. 언젠가 학교에서 수련회를 갔을 때였습니다.

제가 신발장에서 신발을 꺼내는데 뒤에서 누군가 부르기에 돌아보았습니다. 마침 그 순간 교장선생님이 신발장 밑에서 신발을 꺼내 들고 허리를 펴고 계셨는데 그만 제 신발로 교장선생님의 정수리를 가격한 것입니다. 순간 저는 머리 속이 하얘졌습니다. 다행히 인자하신 교장선생님이 "아이고, 최 선생, 내가 최 선생한테 뭐 잘못한 거 있나?" 하시며 그냥 웃고 지나가셨습니다. 그때 어찌나 민망하고 죄송스럽던지…. 신발로 맞은 부분이 정수리라 마사지를 해 드릴 수도 없고 어찌할 바를 몰라 발을 동동 굴렀습니다.

한번은 이런 일도 있었습니다. 수영로교회 대학부와 청년부에서는 여름과 겨울 방학 때 여러 지역으로 흩어져 성경학교를 엽니다. 그때 대부분 농어촌으로 가서 하는데, 어린이 성경학교를 열 뿐만 아니라 지역 어른들을 모시고 잔치를 하곤 합니다. 점심 때부터 식사팀은 음식을 준비하고 전도팀은 경로당에 가서 공연과 안마와 말벗 해드리기를 해서 어른들을 모시고 옵니다. 저는 주로 전도팀을 담당했는데 잔치 시간이 다 되어 할머니들이 짝을 지어 교회로 오고 계실 때였습니다. 저희들은 너무나 기쁜 나머지 신발도 대충 구겨 신은 채 달려가 할머니들을 맞이했습니다.

그런데 할머니들이 모두 유모차를 끌고 오시는 것이었습니다. 저는 속으로 '아, 아들 며느리가 다 밭에 나가 일하기 때문에 할머니들이 손자 손녀들을 돌보고 계시는구나' 하고 생각했습니다. 그래서 저는 아이들에게 "얘들아, 할머니들이 저렇게 힘들게 유모차를 끌고 오시잖냐. 어여 가서 도와드려라" 하고 소리치고는 할머니들의 수고를 덜어드리려고 앞장서서 달려가 할머니의 유모차를 낚아챘습니다. 그러고는 할머니께 이렇게 말했습니다.

"할머니, 유모차는 제가 끌고 갈 테니 편히 오세요."

그런데 할머니는 당황해 하며 꼼짝 않고 그 자리에 서 계시는 게 아닙니까. 그래서 저는 더 큰소리로 외쳤습니다.

"할머니, 제가 유모차 잘 몰고 갈 테니까 천천히 걸어서 오세요."

이 광경을 보고 있던 지체들이 갑자기 저에게 달려 와서는 유모차를 다시 빼앗아 갔습니다. 영문도 모른 채 저는 그 모습을 멍하니 쳐다보았습니다. 왜 그러는가 싶었는데, 알고 보니 그 유모차가 할머니들의 지팡이 역할을 하는 것이었습니다. 그 사실을 저만 까맣게 모르고 있었습니다. 아, 그 순간의 민망함과 창피함이란….

제가 지팡이 대용인 유모차를 끌고 가 버리면서 "편히 오세요"라고 소리쳤으니 그 할머니가 얼마나 기가 차셨을까요? '뭐 저런 맹랑한 녀석이 다 있나' 하셨을 것입니다. 어찌나 죄송하고 부끄럽던지 얼른 할머니를 업고 교회까지 모시고 왔습니다. 잔치가 끝나고 주위 사람들이 그 일을 놓고 계속해서 놀려댔습니다.

어쨌든 그때 할머니들은 교회에 나와 즐거운 시간을 보내시고, 저희가 준비한 음식과 선물을 받아 다시 유모차를 끌고 집으로 가셨습니다.

이렇게 저는 어리바리하고 모자란 놈입니다. 그것 때문에 남들을 깜짝 놀라게 하거나 당황하게 하는 재주가 있는 놈입니다. 하지만 이런 부족하고 허점투성이인 저를 있는 모습 그대로 사랑하시고 사용해 주시는 우리 하나님 아버지가 계시기에 감사하고 또 감사합니다.

대그룹 회장님을 아버지라 부를 수 있는 자는 돈 걱정 하지 않습니다. 오히려 돈 걱정하는 자가 바보입니다. 마찬가지로 전능하신 하나님 아버지를 아빠라 부를 수 있는 자가 신세 한탄을 하거나 자신의 미래를 걱정하는 것 또한 바보 중의 바보입니다. 이 사실을 기억하시기 바랍니다. 저는 너무 어리바리하기에 하나님 아버지만 믿고 따라가려고 합니다.

그러면 이제부터 전도 잘하는 법에 대해 제가 경험한 것을 토대로 이야기하겠습니다.

전도 잘하는 법 ① : 주님 만나기

전도를 잘하려면 우선 주님을 만날 때 제대로 만나고 매일매일 주님이 주시는 은혜를 체험해야 합니다. 그래서 주님이 주시는 평강과 사랑이 내 삶에 차고 누르고 흔들어 넘쳐서 자연스럽게 나를 통해 그리스도의 향기가 퍼져 나가야 합니다.

사람은 누구나 다 연약하기 때문에 늘 하나님을 의지해야 합니다. 저는 특별히 더 그런 것 같습니다. 좋게 말하면 낙천적이라고 하겠지만 덜렁거리는 편이라서 주님께 한시라도 붙어 있지 않으면 아무것도 제대로 할 수가 없습니다.

사람은 평소 무슨 생각을 하고 어떤 것을 가까이 하느냐가 삶으로 나타나기 때문에 매일 주님을 만나는 체험이 중요하다고 생각합니다.

"옛날 옛날에 만났던 주님은 좋은 분이셨어"라고 간증하며 전도한다면 나중에는 스스로가 딜레마에 빠지게 될 것입니다. '옛날에 만났던 주님이니까 잘은 몰라도 요즘에도 있을 거야'라는 생각으로는 스스로가 얼마 버티지 못한다는 것을 쉽게 경험하게 될 것입니다.

평소 나의 삶 가운데 주님을 만남으로써 주님이 주시는 은혜와 사랑과 복이 차고 넘치게 만들어야 합니다. 차고 눌러서 넘치도록 받는다면 티를 안 내려고 해도 자연스럽게 주님의 향기가 퍼져 나가게 될 것입니다.

주님과 늘 동행하는 삶, 즉 임마누엘의 하나님을 경험하는 삶을 살며 항상 성령 충만함 속에서 거한다면 사람은 하나님이 붙여 주신다고 확신합니다. 준비된 그릇이기 때문입니다. 준비된 그릇인 사람이 전도하려고 할 때 하나님께서는 반드시 이루어 주십니다. 전도는 하나님이 하시는 것이기 때문입니다.

전도 잘하는 법 ② : 직접 전도하기

아무리 이론을 많이 잘 알고 있다 하더라도 경험이 있어야 합니다. 자전거 타는 요령을 이론으로 충분히 안다고 해도 직접 타 보고 신나게 페달을 밟으면서 달려 봐야 자전거를 탈 줄 안다고 할 수 있습니다.

또 사실 자전거 타는 이론은 잘 몰라도 몇 번 넘어지기를 반복하며 타다 보면 저절로 익히게 됩니다. 물론 사이클 선수가 되려 한다면 이론도 열심히 공부해야 할 것입니다. 이론을 잘 알면 그만큼 시행착오도 줄어들고 원하는 만큼 빨리 성장할 수 있습니다. 이론을 잘 모르면 어느 정도까지는 올라가도 더 높게 성장하기는 힘들어집니다. 하지만 그저 자전거를 즐기기 위해 타려는 것이라면 이론에 목매기보다는 몸이 먼저 부딪히고 알게 되면서 배우는 것이 훨씬 빠릅니다.

이처럼 전도도 일단 하다 보면 실력이 늘어납니다. 자기 나름의 이론이 정립된다는 뜻입니다. 일단 도전해 보는 것이 중요합니다. 무턱대고 용기만 가지고 하기에는 조금 무리수가 있을 수 있습니다. 그때는 주위에 전도 잘하는 사람들한테 그들만의 노하우를 물어 보십시오. 그리고 자신에게 맞는 방법으로 변형해서 받아들여 보십시오. 아니면 그대로 따라 해 보는 것도 좋은 방법이라고 생각합니다. 전도하다 보면 '아, 이렇게 전도하면 되겠구나' 하는 감이 오기 시작합니다. 그리고 '이렇게 해서는 안 되겠구나'라는 감도 익힐 수 있게 됩니다. 가장 중요한 사실은 전도를 하다 보면 자신만의 노하우가 생긴다는 것입니다. 맞춤형 옷처럼 자신만의 전도 스타일과 노하우를 습득하게 됩니다.

제가 좋아하는 CCM 가수 중에 '한국의 머라이어 캐리'라 생각하는 '소향'이라는 가수가 있습니다. 소향 1집에 보면 '작은 힘과 용기 나의 가진 모든 것'이라는 노래가 있습니다. 이 노래처럼 나의 작은 힘과 용기를 가지고 전도하면 되는 것입니다. 예전에 몇 번 시도해 봤는데 잘 안 됐다고 그만두지 말고 한 명이라도 될 때까지 해보십시오. 한 명이 전도되면 '이제 전도 안 해'라는 생각 대신에 '그래, 이제 시작이구나. 또 해야지'라는 생각을 하게 됩니다.

친구가 저를 따라 교회 오면 얼마나 기쁜지 이루 말할 수가 없습니다. 그동안 전도한다고 수고하고 힘들었던 기억이 몽땅 사라지고 오히려 좋은 추억과 간증거리로 남게 됩니다. 마치 산모가 해산의 고통을 겪을 때는 너무 아파서 다시는 아기를 안 가지겠다는 생각을 하다가도 어여쁜 아기를 본 순간 다 잊어버리는 것처럼 말입니다.

전도 잘하는 법 ③ : 전도 대상자를 A, B, C 단계로 나누기

예수님도 3일 만에 죽었다가 부활하셨고 우리나라 속담에 삼세판이란 말도 있듯이 사람들은 세 가지 경우를 잘 외웁니다. 그래서 저는 저만의 방법으로 전도 대상자를 A, B, C 세 단계로 나누어 관리하고 있습니다.

먼저 A단계에 속한 사람들은 교회에 대해 거부감도 없고 어느 정도 마음의 문이 열린 사람들을 말합니다. 그래서 교회 이야기를 하면 귀담아 들어주고 "시간 나면 한번 너 따라 교회 가볼게"라고 말하는 친구입니다. 또 교회 가자고 언제나 말해도 사이가 멀어지지 않을 정도로 정말 친한 친구들이 여기에 속합니다. 《고구마 전도왕》 책에서 말하는 정말 잘 익은 고구마입니다. 그래서 젓가락으로 푹 찔렀을 때 쑥 들어가서 젓가락이 반대편으로 통과되는 상태를 말합니다.

저에게도 시간과 물질과 공간의 제약이 있습니다. 그래서 조금 더 효율적으로 전도를 하고자 했습니다. 저는 바로 이런 A단계에 속한 사람들을 집중 공략한 것입니다.

시간이 나면 전화 걸고, 한 번 더 만나서 맛있는 밥을 먹으며 챙기는 사람들이 이 A단계에 속한 사람들입니다. 사실 B, C단계에 속한 사람들은 시간이 걸리는 사람들입니다. 그들에게는 기다림이 필요하고 그들을 위해 더 많은 기도의 분량을 쌓아야 합니다.

참 신기하게도 전도를 하다 보면 A단계에 속한 사람들이 눈에 잘 띕니다. 제 주위에서 맴도는 것 같은 느낌이 들 정도입니다. 이것은 정말 전적인 하나님의 은혜라고 생각합니다.

사실 주위에 A단계의 사람들이 많으면 전도를 많이, 빨리 할 수 있고, B, C단계에 속한 사람들이 많으면 시간과 노력, 기도가 더 필요합니다. 사람마다 환경마다 자기 주위에 있는 사람들이 다양할 것입니다. 그래서 저는 "하나님, 제 주위에 A단계에 속한 사람들을 많이 보내 주시고, 그들을 속히 파악할 수 있도록 해주세요. 그리고 B, C단계의 사람들이 A단계가 될 수 있도록 제가 기도에 힘쓰고 헌신과 노력을 쏟을 수 있게 해주세요"라고 기도합니다.

인생에서 힘든 일이나 어려운 난관에 봉착해서 해결책을 찾고 싶어 하거나, 교회 가서 마음에 행복과 평안을 얻고 싶어 하거나, 좋은 친구들을 사귀고 싶어 하든지 간에 분명히 A단계에 속한 사람들이 있을 것입니다. 없다면 B단계의 사람들을 위해 기도하고 꾸준히 좋은 관계를 유지해서 A단계로 업그레이드시킬 수 있습니다.

B단계에 속한 사람들은 교회에 대해 그리 부정적이지도 않고, 그

렇다고 긍정적이지도 않는 사람들을 말합니다. 대부분의 사람들이 여기에 속한다고 보면 됩니다. 저의 경우도 지금 관계를 맺고 있는 70~80%의 사람들이 여기에 속합니다. 삶은 고구마로 따지면 젓가락이 반만 들어가는 상태를 말합니다.

저는 이 B단계에 속한 사람들을 위해 기도하고 꾸준히 친절을 베풀며 잘해 줍니다. 그래서 B단계의 사람들이 A단계로 오를 수 있도록 이끕니다. 저는 업그레이드라고 표현하는데, B단계에 속한 사람들은 언젠가는 A단계로 올라갈 사람들이기 때문에 최선을 다합니다.

또 B단계 사람들은 교회 특별 전도 기간에 부르면 올 가능성이 많습니다. 그래서 특별 전도 기간을 놓치지 말고 이 단계에 속한 사람들을 교회 행사에 초대하는 것이 중요합니다. 그러면 교회 행사이기 때문에 큰 부담을 갖지 않고 가벼운 마음으로 교회에 따라 올 확률이 큽니다. 그러다가 교회 분위기가 좋아서 정착하게 되기도 합니다.

마지막 C단계에 속한 사람들은 교회에 반감을 가지고 있는 이들입니다. 이들은 교회 이야기만 나왔다 하면 거부감을 일으키고 민감한 반응을 보여서 전도하는 이에게 오히려 상처를 주는 분들을 말합니다. 때로는 전도하는 사람에게 맹공격을 퍼붓는 사람도 있기 때문에 조심스럽게 다가가야 합니다.

제가 예전에 여기에 속했던 사람이라서 C단계 사람들의 심리를 잘 압니다. 이들에게는 교회에 대한 직접적인 이야기는 되도록 안 하는 것이 좋습니다. 여기에 속한 분들에게 교회나 기독교 이야기를 하면 할수록 더 반감을 사고 서로 사이가 안 좋아지기 때문입니다. 다만 그들을 위해 꾸준히 기도하고 오히려 교회 외적인 이야기들로 관계를 유지해 나가는 것이 중요합니다.

그들도 삶의 문제가 있고, 세상을 살아가면서 어려움과 아픔을 경험하기 때문에 언젠가는 마음을 열고 변할 날이 올 것이라 믿습니다. 제가 그랬던 것처럼 말입니다. 평균적으로 시간이 조금 많이 걸리는 것이 단점이지만, 반대로 사람의 힘으로 해결되지 않는 문제에 직면하면 오히려 여기에 속한 사람들이 정말 한순간에 180도로 변하는 경우가 있다는 사실을 꼭 기억하기 바랍니다.

저는 C단계에 있는 사람들을 만나면 이런저런 이야기를 하다가 한번 툭 교회 이야기를 던져 봅니다. 여전히 교회에 대한 반감과 불만이 많고 거부감이 심하면 저는 한동안 교회 가자는 말을 꺼내지 않습니다. 그 대신 그 친구의 관심사에 대해서만 이야기를 나눕니다. 축구를 무척 좋아하는 친구라면 "호날두가 맨체스터 유나이티드에서 레알 마드리드로 이적한 뒤 맨유의 공격력이 어떻다고 생각하니?"라든가, "너 우리나라하고 아랍에미레이트가 월드컵 최종 예선 경기하는 거 봤지? 역시 박지성이더라. 박지성 같은 선수가 많이 나와야 해"라는 이야기를 늘어놓습니다. 이런 이야기를 하면서 관계를 계속 끈끈하게 유지하려고 합니다. 지금은 비록 교회에 대해 반감을 가지고 있어도 나중에는 먼저 교회에 가고 싶다고 할지도 모릅니다. 그리고 그 친구는 '병호는 교회 말고는 나랑 통하는 면이 참 많아. 병호는 좋은 친구야'라는 생각을 가지게 될 것입니다.

저는 C단계에 속한 사람들을 위해 꾸준히 기도하고 친절을 베풀고 좋은 관계를 유지하자, B단계로 업그레이드 됐다가 드디어 A단계으로 이동하는 경우를 많이 봐 왔습니다. 그렇기 때문에 C단계에 있는 사람들이라고 해서 아예 내팽겨쳐서는 안 됩니다. 그들 때문에 상처받지 않도록 지혜롭게 관계를 유지하면 언젠가는 그들이 하나님께로 돌아올 것입니다.

전도 잘하는 법 ④ : 관계 전도

통계를 보면 관계를 통해서 교회에 오게 되는 경우가 90%가 넘는다고 합니다. 친한 친구를 따라오거나 가족을 통해서나 다른 지인의 소개를 받아서 오는 경우를 말합니다. 스스로 교회 오거나 노방 전도를 통해 교회에 오는 경우는 10% 미만이라고 합니다.

그렇다고 노방전도가 효율성이 떨어지니 그만하자는 말은 절대 아닙니다. 노방전도를 통해 전도지 한 장을 받고 인생이 바뀐 사람이 정말 많다는 사실을 꼭 기억해야 합니다. 저는 지하철역이나 기차역 혹은 대학 캠퍼스나 공원에서 전도지를 들고 전도하는 분들을 진심으로 존경합니다. 그리고 진짜 대단하신 분들이라고 생각합니다. 그 분들을 보면 고개가 절로 숙여집니다. '와, 저런 용기는 어디서 나올까?'라는 생각을 아마 저뿐만이 아니라 다른 많은 분들도 했을 거라 생각합니다.

다만 저는 평소 알고 지내고 관계를 맺어온 사람들에게 전도했을 때 시간적으로나 여러 면에서 조금 더 빨리 전도할 수 있었기에 이런 방법에 매달린 것입니다. 그리고 전도를 처음 시작하려는 분들에게 노방전도보다는 주위에 이미 알고 있는 분들을 위해 꾸준히 기도하면서 지혜롭게 전도하기를 권하고 싶습니다. 또는 교구 전도대에서 늘 전도하는 분들을 따라 다니면서 그들이 어떻게 전도하는지 눈으로 직접 보고 경험해 보는 것도 좋은 방법이라고 생각합니다.

전도 잘하는 법 ⑤ : 관계 잘 맺기

'관계 잘 맺기'는 바로 앞에서 말한 '관계 전도'를 위한 준비 단계라고 보면 됩니다. 성경에 보면 "이것이 곧 적게 심는 자는 적게 거두고 많이 심는 자는 많이 거둔다 하는 말이로다"(고후 9:6)라고 했습니다. 많이 심는 자가 많이 거둘 수 있습니다. 심고 거두는 법칙은 자연의 법칙인데 영적 법칙도 마찬가지입니다.

관계를 많이 맺으십시오. 이것이 결국 많이 심는 것을 뜻합니다. 관계를 많이 맺으면서 좋은 관계로 꾸준히 지낼 수 있도록 노력하십시오. 지금 우리가 살고 있는 시대는 NQ(Networking Quotient) 시대입니다.

IQ, EQ의 시대가 지나가고 이제는 누구와 교제를 하며 지내는가가 너무나 중요한 시대입니다. 물론 깊이 있는 관계도 필요합니다. 책을 읽을 때 다독도 필요하고, 특정 분야는 깊이 읽는 정독도 필요하듯이 많은 사람을 만나고 깊은 교제도 하십시오. 진심으로 대하고 대접받고자 하는 대로 먼저 대접을 하십시오. 그래서 주위의 많은 사람이 도움을 청하고 조언을 구하는 매력적인 사람이 되도록 자신을 가꾸십시오.

"너그러운 사람에게는 은혜를 구하는 자가 많고 선물 주기를 좋아하는 자에게는 사람마다 친구가 되느니라"(잠 19:6).

내 주위에 사람들이 많다는 말은 자연스럽게 A, B, C단계에 속한 사람들이 많다는 뜻입니다. 만약 전도 대상자들이 10명이 되고 20명이 되고 30명, 50명이 된다면 자연스럽게 A, B, C단계의 사람 수가 올라갈 것입니다. 가령 전도 대상자가 100명이라고 치면 A단계 사람이 10%만 되더라도 10명이 되는 것입니다.

저는 지금 많은 사람들과 관계를 맺고 있습니다. 3,500명이 넘는 사람들의 휴대폰 번호를 알고 있습니다. 그래서 지금 가지고 있는 휴대폰이 4개입니다. 물론 통화가 가능한 폰은 1개입니다. 나머지 3개는 전화번호 저장용 폰입니다. 휴대폰 한 개당 천 명의 번호를 입력할 수 있기 때문에 가장 많이 사용하는 번호를 통화 가능한 휴대폰에 저장시켜 놓고 그다음 순서대로 휴대폰 2, 3, 4에 저장시켜 놓은 것입니다.

요즘 대부분 발신자 표시가 되기 때문에 제가 모르는 번호가 뜨면 얼른 2, 3, 4폰을 꺼내 끝 번호 네 자리를 입력해 누군지 찾습니다. 그리고 즉시 전화를 받아 "○○야! 안녕! 잘 지냈나. 오랜만이네"라고 반갑게 인사를 건넵니다.

만약 성격이 내성적인 분들이나 사람들과의 사귐에 있어서 여러 번 거절을 당해 관계 맺는 것을 힘들어 하는 분들에게는 데일 카네기의 《인간 관계론》을 권하고 싶습니다.

이 책에 보면 사람을 움직이는 3원칙, 상대방의 호감을 얻는 법, 상대방을 설득하는 법, 누구든지 자기 사람으로 만드는 법 등이 파트별로 나와 있고 구체적인 예도 소개되어 있습니다.

몇 가지만 예를 들어 설명하면, '다른 사람을 비난하지 마라', '입장을 바꿔 생각하라', '미소를 지으라', '이름을 기억하라', '이야기를 경청하라', '아낌없이 칭찬하라', '논쟁은 피하라', '상대방의 실수는 지적하지 마라. 대신 자신의 실수는 인정하라', '상대방이 긍정적으로 대답할 수 있는 이야기부터 시작하라', '공손하게 말하라', '명령하지 말고 부탁하라', '체면을 세워 주라', '자발적인 협력을 유도하라' 등등입니다.

이 책을 읽고 일주일에 한 가지씩 실천해 보십시오. 그리고 상대방의 변화를 살펴보십시오. 시간이 갈수록 친구들에게 점점 더 매력적인 자신의 모습을 발견하게 될 것입니다.

저는 이 책을 성경 다음으로 많이 읽습니다. 한 번씩 보면서 제가 인간관계를 맺을 때 잘못하고 있는 것은 없는지, 좀 더 보완해야 할 부분은 없는지 자주 보면서 저 스스로를 돌아봅니다.

인간관계를 잘 맺기 위해서 이것 말고도 여러 종류의 책이 있을 것입니다. 서점에 가서 자신에게 맞는 책을 사서 늘 갖고 다니십시오. 자주 읽다 보면 어느새 그 내용대로 자신의 모습이 변하는 것을 깨닫게 될 것이고, 인간관계에 자신감이 생길 것입니다.

전도 잘하는 법 ⑥ : 전도 자체를 즐기기

저는 전도 자체를 즐기는 것이 전도를 잘하는 데 아주 좋은 방법이라고 생각합니다. 우리가 어려운 일을 하거나 특히 고3 수험생 시절을 보내면서 제일 많이 들었던 말 가운데 하나가 "어차피 해야 할 일이라면 피하지 말고 즐겨라"라는 말일 것입니다.

허리가 아파서 30분도 제대로 못 앉아 있는 어른이 있는데 이분은 바둑을 너무 좋아하신다고 합니다. 신기하게도 바둑을 둘 때는 서너 시간씩 앉아 있어도 허리 아프다는 생각은 못하고 바둑에만 집중하신다는 것입니다.

저도 다리를 삐었거나 조금 감기 기운이 있거나 몸살이 나서 아파도 축구를 합니다. 축구를 할 때는 이상하게 하나도 안 아픕니다. 그러다가 축구 경기를 끝내고 씻으러 갈 때에야 비로소 몸이 아픈 것을 느끼게 됩니다. 축구하는 것 자체를 워낙 즐기는 편이라서 운동장에서 공을 차는 순간만큼은 아픔도 인식하지 못할 정도입니다.

이처럼 전도도 재미를 붙일 수 있다고 생각합니다. 즉 얼마든지 즐길 수 있다는 것입니다. 이따금씩 조별로 나뉘어 교제를 할 때 일주일 동안 지내면서 가장 행복한 순간이 언제냐는 질문을 받게 됩니다. 많은 지체들이 고민을 하거나 잘 모르겠다고 대답할 때 저는 망설임 없이 늘 이렇게 고백합니다.

"저는 새벽기도 가서 예배드릴 때 무척 행복하고 편안합니다. 말씀 후 단상 앞으로 나가 무릎 꿇고 기도할 때도 정말 큰 기쁨을 누립니다. 그리고 전도한 친구의 손을 잡고 주일날 교회 문으로 들어오는 순간 저는 이 세상에서 가장 행복하고 기쁜 사람이 됩니다."

정말로 저는 그렇습니다. 전도한 친구 손을 붙잡고 교회 문을 들어오면서 하나님께 마음속으로 이렇게 기도를 드립니다.

"하나님, 제가 10억, 100억, 1000억을 헌금해서 그것들이 주님을 위해 쓰인다면 정말 행복할 것입니다. 하지만 하나님께서 천하보다 귀하다고 하신 한 영혼을 이렇게 교회에 데리고 왔습니다. 저를 통해 이 친구를 주님께 인도할 수 있게 해주셔서 진심으로 감사드립니다. 이 친구가 예수님을 자신의 구주로, 주인으로 모시는 오늘이 되길 원합니다. 이 친구를 통해 온 가족과 일가친척과 모든 친구가 예수님을 믿게 해주세요. 이 친구를 복의 근원, 복의 통로가 되게 해주세요. 주님, 제가 이렇게 기쁜데 하나님께서도 지금 천사들과 함께 정말 기뻐하고 계시죠? 하나님, 오늘이 이 친구 인생의 터닝 포인트가 되는 날이 되게 해주세요. 예수님의 이름으로 기도드립니다. 아멘."

제가 마약을 해본 적은 없지만, 전도할 때 느끼는 기쁨은 말초 신경을 자극하는 순간적인 환락과는 결코 비교할 수 없습니다. 왜냐하면 이 기쁨은 하나님이 주시는 기쁨이기 때문입니다. 하나님이 주시는 기쁨은 지속적입니다. 평안이 있고 감격이 있고 은혜가 있고 하나님께 대한 감사가 있습니다.

저는 이런 기쁨을 어느 무엇과도 바꾸기 싫고 어느 것에도 빼앗기기 싫습니다. 전도하는 것 자체가 너무나도 즐거울 뿐입니다. 때로는 제가 이런 전도자로 쓰임받는 것 자체가 황홀하고 가슴 벅차고 감격에 겨울 때가 있습니다. 제가 무엇이기에 주님께서 아들로 삼아 주시고 영혼 살리는 일에 저를 동역자로 삼아 주시는지, 감개무량해서 눈물을 흘리기도 합니다.

전도는 어떤 마음을 갖고 임하느냐가 중요하다고 봅니다. 그러나 분명한 것은 전도하는 것 자체가 엄청 재미있고 즐겁다는 사실입니다. 전도하는 것을 즐긴다는 것은 전도하는 과정 자체를 즐거워하고 그 속에서 기쁨을 느낀다는 뜻입니다. 사람들은 누구나 재미있는 일, 즐거운 일을 하려고 합니다. 저도 마찬가지입니다. 즐거운 일인데 왜 안 하겠습니까.

공부를 잘하는 사람 중에 정말 무서운 사람은 공부 자체를 즐기는 사람입니다. 공부가 재미있으니 공부하는 것이 당연하지 않느냐는 몇몇 친구들을 보면 신기하고 경이롭기까지 합니다.

저는 축구뿐만 아니라 낚시도 좋아합니다. 물론 고기가 잡혀야 더 재밌겠지만 낚시하는 것 자체만으로도 즐겁습니다. 특히 고기가 미끼를 물고 막 벗어나려는 찰나 낚싯대를 힘껏 들어 올릴 때 느껴지는 그 손맛. 낚시를 좋아하고 즐기는 사람이라면 그 순간의 느낌이 얼마나 좋은지 다 알 것입니다.

물고기를 잡을 때의 손맛이 이렇게 좋은데, 하물며 베드로처럼 사람 낚는 어부가 되어 잃어버린 사람들을 찾는 일이 어찌 좋지 않을 수가 있겠습니까! 어떤 사람을 전도하면 더할 나위 없이 좋겠지만 꼭 성공하지 못하더라도 전도하는 과정 그 자체만으로 즐거운 일입니다. 넓디 넓은 바닷속을 돌아다니는 고기를 낚을 때 느껴지는 손맛도 일품이지만 세상 속에서 방황하는 한 영혼을 찾아 예수께로 인도하는 그 느낌은 일품을 뛰어넘어 가히 명품이라 할 수 있습니다.

전도 잘하는 법 ⑦ : '나는 프로 전도자가 되겠다'는 마인드 갖기

우리는 전도 분야에서 전문가가 되겠다는 생각을 가져야 합니다. 물론 전도는 하나님이 영혼을 붙여 주시는 것입니다. 하지만 하나님이 영혼을 붙여 주시고 싶은 그릇이 있고 그렇지 않은 그릇이 있는 것은 분명한 사실입니다. 그래서 이왕이면 하나님이 쓰시기에 적합한, 깨끗하면서도 큰 그릇이 되어야 합니다.

어느 일에든 프로와 아마추어는 분명히 다릅니다. 프로 축구 선수와 아마추어 축구 선수는 실력에서 현격히 차이가 납니다. 아무리 우리 동네 최고의 축구 선수라 할지라도 프로 선수와는 견줄 수 없습니다. 의사 중에도 전문의가 있습니다. 그 분야에서는 최고 전문가라는 뜻입니다.

이처럼 거의 모든 일에 프로가 있듯이 전도에도 프로가 있습니다. 평소에 전도를 잘하던 사람들이 전도 축제를 할 때도 많은 사람들을 데리고 오는 것을 볼 수 있습니다. 그 사람들에게는 전도를 잘할 수밖에 없는 무언가가 있는 것입니다.

어느 분야의 전문가든지 일반적인 특징 중 하나는 바로 자기 관리에 철저하다는 것입니다. 작은 실수 하나에도 큰 결과를 초래할 수 있기 때문에 작은 부분 하나에도 신경을 쓰며 조심하고 주의를 기울입니다.

친구들과 교제를 하거나 같이 있다 보면 화가 날 때도 있습니다. 너무 어이없는 일을 당하거나 친구가 거짓말을 한 사실을 알아차렸을 경우 정말 화가 치밀어 오릅니다. 그때 화를 버럭 내고 싶습니다. 하지만 바로 그 순간 참아야 한다는 것입니다. 참는다고 화가 났다는 표현을 하지 말라는 뜻은 아닙니다. 단지 따로 조용히 불러서 유순하게 말한다거나 아니면 어느 정도 시간이 지난 뒤에 안정을 찾고 말을 하는 것입니다.

우리나라 속담 중에 '공든 탑이 무너지랴'라는 속담이 있는데, 저는 공든 탑이라 할지라도 때에 따라서는 한 번의 실수로 무너진다고 생각합니다. 저 스스로 이것을 경험해 보았고 그냥 무너지는 것이 아니라 아주 와장창 무너지는 것을 본 적이 있습니다.

순간의 화를 참지 못하고 전도하려는 친구에게 화를 내면 그동안 쌓아온 것이 와르르 무너져 버립니다. 교회 가려는 마음이 조금 열렸는데 그만 마음의 문이 확 닫혀 버릴 수 있는 것입니다.

전도의 프로가 되기 위해서는 여러 가지가 필요하겠지만 제가 생각하는 몇 가지 조건을 살펴 보면 이렇습니다. 규칙적으로 기도하는 사람, 말씀을 통해 은혜 받는 사람, 상대방의 배려를 잘하는 사람, 정직한 사람, 화를 잘 내지 않는 사람, 베푸는 사람, 상대방의 이야기를 잘 들어주는 사람, 인간관계가 좋은 사람, 그 관계를 꾸준히 지속할 수 있는 사람, 긍정적인 사람, 하나님의 은혜 속에서 늘 즐거움이 넘쳐나는 사람 등등입니다.

전도 잘하는 법 ⑧ : 좋은 습관 들이기

어떤 결심, 결단, 의지, 결의보다 훨씬 더 강한 것이 바로 습관입니다. 습관을 좇아 기도하러 겟세마네 동산에 오르신 예수님처럼 습관을 좇아 새벽기도 가고, 가서 전도할 친구들을 위해 기도하는 것입니다. 저희 교회 홍승혁 목사님께 "습관은 가장 좋은 하인이거나 가장 나쁜 주인이다"라는 말을 들었습니다. 이 말이 어찌나 제 가슴팍에 팍 꽂혔는지 모릅니다. 이 말은 습관의 힘에 대해 잘 말해 주고 있다고 생각합니다.

그렇다면 전도하기 좋은 습관들에는 어떤 것들이 있을까요? 그중 하나가 항상 밝게 웃는 것입니다. 예수님을 믿으면서 교회 다니는 것이 정말 재밌고 즐겁고 기쁨이 넘친다는 것을 표정으로 보여 주는 것입니다.

대화를 할 때 표정과 몸짓, 자세 등 시각적인 요소를 통해 메시지가 전달되는 비중이 55%나 됩니다. 음조나 억양, 말투로 38%가 전달되고, 언어를 통해서 전달되는 것은 7%밖에 안 됩니다.

교회 다니는 제가 얼굴에 근심이 가득하고 무표정한데다가 험악하게 인상을 쓰고 늘 불만 가득한 표정을 하고 있다면 누가 저를 보고 교회 가고 싶은 마음을 가지겠습니까?

또 저는 교회 가자는 이야기를 친구들한테 할 때 항상 이 세 가지를 지키면서 합니다. 그것은 "자신 있게, 웃으면서, 예의 바르게"입니다.

"누구야, 교회 가자."

짧은 이 한마디를 하는데 저는 자신 있게, 활짝 웃으면서, 그리고 예의 바르게 말하려고 하는 것입니다.

제가 다른 교회에 전도 세미나를 가서 강의하면 둘씩 짝을 지어 위의 것들을 가지고 서로 역할을 바꾸어 실습해 보는 시간을 꼭 가집니다.

처음에는 대부분의 사람들이 매우 부끄러워합니다. 평소에 친구에게 교회 가자는 말을 마음속으로만 해 봤지 실제로 잘 안해 봤기 때문에 그럴 것입니다. 그렇지만 몇 번 하다 보면 자연스럽게, 그리고 자신 있게 교회 가자는 말을 건네는 모습으로 바뀌게 됩니다. 물론 옆에 앉아 있는 친구들은 몇 년 전부터 교회에서 알고 지내는 친구이기 때문에 그렇겠지만 실전에서도 똑같이 하면 용기가 생깁니다.

배를 누르면 "아이 러브 유!"라고 말하는 인형이 있듯이 우리도 친구들과 이런저런 이야기를 하다가 적절한 타이밍에 자신 있게 웃으면서 예의 바르게 "아, 맞다. 이번 주에 교회 한번 가보자"라고 말하는 습관을 들이는 것입니다.

처음에는 어려워 보여도 몇 번만 하다 보면 "안녕? 그동안 잘 지냈어?"라고 하는 인사처럼 자연스럽게 몸에 배게 되어 있습니다. 저는 이야기하는 중에 가장 적절한 타이밍에서 교회 가자는 말이 자연스럽게 나오도록 연습하다 보니 이제 완전히 익숙해졌습니다. 이제는 주위 사람들이 제가 교회 가자는 이야기를 하지 않으면 '왜 그 소리를 안하나?' 하며 이상하게 여길 정도입니다.

열 번 찍어 안 넘어 가는 나무가 없다고 하지 않습니까? 제가 늘 교회 한번 가보자는 말을 하면 한 번 거절하고 두 번 거절하고 세 번 거절하면서 그 친구들은 점점 더 저에게 미안한 마음을 갖게 됩니다. 그러다가 너무 미안해서 어느 순간에는 도저히 거절을 못하게 되는 순간이 옵니다. 표정으로 알 때도 있고, "음" 하고 말을 얼버무리는 것을 보고 알 때도 있고, 대화를 하다가 직감으로 알 때도 있습니다.

보통 열 번 찍으면 넘어가는데 두세 번 찍거나 대여섯 번 찍어서 넘어가는 나무도 있습니다. 교회 가자는 말을 몇 번 안 했는데 교회 오는 친구들이 생기는 것입니다. 반대로 열 번 넘게 찍어야 넘어가는 크고 굵직한 나무도 있습니다. 그런 친구들은 짧게는 몇 달, 길게는 몇 년이 걸리기도 합니다.

아무튼 교회에 친구들이 오게 된 것은 제가 그동안 기도하면서 잘 해 주다가 여러 번 교회 가자는 말을 했기 때문입니다. 교회 가자는 말을 안 했는데 스스로 교회 한번 데리고 가달라는 친구들도 간혹 있기는 합니다. 하지만 대부분은 제가 이끌어서 교회에 나오게 된 것입니다.

이처럼 교회 가자고 자신 있게 웃으면서 예의 바르게 말하는 좋은 습관이 있었기 때문에 '어서 교회로 와서 나를 만나라'는 하나님의 마음이 저를 통해 그들에게 전달되었다고 생각합니다. 제가 말하지 않고 마음속으로만 생각하고 있었다면 대부분의 친구들은 오지 않았을 것이고, 시간이 많이 흐른 뒤에야 제가 아닌 다른 사람을 통해서 교회에 왔을 것입니다.

롤러코스터의 노래 중에 "습관이란 게 무서운 거죠"라고 시작하는 노래가 있습니다. 정말로 습관은 무서운 것입니다. 좋은 습관을 들이면 평생 수지맞는 것이지만 안 좋은 습관을 들이면 평생 자신에게 올 무가 될 것입니다.

그러면 전도하기 좋은 습관 중에 실제로 제가 하고 있는 것을 소개해 보겠습니다.

제게 있는 좋은 습관 하나는 토요일에 한 주 동안 교회 오기로 한 친구들에게 전화를 걸어서 한 번 더 확인하는 것입니다. 주일날 언제 어디서 만날 것인지 한 번 더 말해 주고, 아침에 잘 일어나지 못한다면 모닝콜을 해서 깨워 주는 것입니다.

그리고 주일날 아침에 비가 오나 눈이 오나 멀리 있는 친구들을 태우러 가는 것입니다. 저희 집은 부산 북쪽 끝에 위치한 남산동인데, 거기서부터 부산 남쪽 끝 해운대 달맞이를 거쳐 광안대교를 타고 광안리, 수영을 돌아 반여동으로 다시 돌아와 교회에 도착하면 약 2시간이 걸립니다. 그래도 이 거리가 결코 멀게 느껴지지 않습니다. 농어촌 교회 여름 성경학교 교사로 갔다가 한 명의 아이를 태우기 위해 낡은 봉고차를 몰고 수십 킬로미터를 가시던 시골 교회 목사님의 모습에 감동을 받아, 저도 그것을 실천하고 있는 것입니다.

또 하나의 좋은 습관은 페브리즈를 차에 비치해 두고 다니는 것입니다. 교회 온 친구 중에는 담배를 못 끊어서 예배드리는 두 시간도 견디지 못하는 친구들이 있습니다. 한번 잘 참아 보라고 하지만 그래도 금단 현상 때문에 입이 마르고 손이 떨리는 골초 친구들을 위해 같이 교회 밖으로 따라 나가 줍니다. 그리고 한쪽 구석에서 친구가 담배 한 대를 피우면 저는 그 옆에 있다가 페브리즈를 옷이 젖을 만큼 뿌려 줍니다. 손이고 머리고 옷이고 흠뻑 젖도록 뿌려 줍니다. 저는 저를 따라 교회에 온 친구들 한 명 한 명에게 고급 호텔의 VVIP(Very Very Important Person) 대우를 해주려고 최대한 애씁니다. 이렇게 노력하는 저의 모습을 보고 고마운 마음이 들어서인지 나중에는 다들 담배를 끊게 되었습니다.

마지막으로 말씀드릴 좋은 습관은 주일날 분명히 교회 오기로 한 친구가 안 보이면 그날 저녁이나 밤에 바로 전화를 하는 것입니다. 어찌 됐든 주일을 넘기지 않고 그날 보이지 않은 친구들을 챙기는 것이 중요합니다. 전화 연락을 하면 대부분이 자기 한 명 빠진다고 티 안 날 줄 알았는데 일일이 챙겨 주어 고맙다며 너무 좋아합니다. 그리고 다음 주에는 무슨 일이 있어도 교회에 빠지지 않겠다는 약속을 스스로 하게 됩니다. 한 명 한 명 신경을 쓰는 저의 모습에 친구들이 "병호, 너는 애살이 진짜 많은 것 같다"고 말을 합니다. 맞습니다. 다른 것은 몰라도 이런 면에서는 정말 애살스러워집니다. 잃어버린 한 마리 양을 얼른 찾아서 100마리 양떼를 맞춰야 하지 않겠습니까? 저는 승부욕이 있다, 끈기 있다, 집중력이 좋다는 말보다 영혼 한 명 한 명에 대해 애살이 넘친다는 이 말을 계속 듣고 싶습니다.

전도 잘하는 법 ⑨ : 강권 잘하기

전도를 잘하려면 강권을 잘해야 합니다. 전도를 잘하는 데 있어서 강권이 곧 능력입니다.

강권을 통해 상대방에게 적절한 부담을 주면서 잘했을 경우에는 전도가 잘 되었고, 너무 지나치거나 혹은 너무 미미하게 강권을 했을 경우에는 실패로 돌아가는 경우가 많았습니다.

부산 광안리 바닷가에서는 일 년에 한 번씩 멋진 광안대교를 배경으로 불꽃 축제를 엽니다. 이때 광안리 주변에 모이는 인파가 100만 명이 넘습니다. 발 디딜 틈도 없습니다. 화장실에 한 번 가려면 줄을 한 시간도 넘게 서야 합니다. 그래도 40여 분 동안 하늘에서 터지는 8만 5천 발의 아름다운 불꽃들을 보면 아침부터 와서 자리를 잡은 보람을 느끼기도 합니다.

이런 멋진 불꽃 축제를 같이 보러 가자고 친한 친구에게, 특히 사랑하는 연인에게 말할 수 있습니다. 하지만 시험 기간이라든지 복잡한 장소를 정말 싫어하는 사람들은 보러 가자고 해도 가지 않습니다. 그러면 몇 번 가자고 하다가도 금세 포기하게 됩니다.

하지만 전도란 어떤 것입니까? 그냥 불꽃 축제 가자고 권하는 것처럼 하면 되는 것입니까? 결코 아닙니다. 전도는 영혼이 영원한 천국에 있느냐 아니면 영원한 지옥에 있느냐의 문제이기 때문에 결코 몇 번 권하고 말 문제가 아닌 것입니다.

전도는 강권해야 합니다. 단, 사람마다 강권의 정도를 달리해야 합니다. A단계에 있는 친구들에게는 강권을 세게 해도 됩니다. B단계에 있는 친구들에게는 중간 정도로 강권을 해야 합니다. 그러나 C단계의 친구들에게는 강권을 해서는 안 됩니다. 오히려 살살 달래야 합니다. 마치 어린아이를 달래듯이 조심스럽고 부드럽게 상대해야 하는 것입니다.

예를 들어 강권을 세게 할 경우 친구에게 이런 정도의 이야기까지 할 수 있습니다.

"야, 교회 가자. 이번에 교회 같이 안 가 주면 나 삐쳐 버린다."

"야, 너 전에 시험 끝나고 교회 같이 가 준다고 그랬잖아. 근데 이제 와서 발뺌이네. 사나이가 한 입으로 두말 하네. 와, 그러고도 니가 부산 사나이 맞나. 실망이다."

"와, 너 한 번만 온다는 말이 뭐꼬? 너무 한 거 아니가. 적어도 세 달 정도는 꾸준히 나와 봐야 교회가 어떤 곳인지 알지. 어찌 한두 번만 와보고 너한테 맞느니 안 맞느니 그런 말을 할 수 있노? 내말 맞제? 그니까 적어도 3개월 이상 꾸준히 교회 나와 보는 기다. 알겠제?"

B단계에 있는 친구들의 경우는 이런 말보다 강도를 살짝 약하게 하면 됩니다.

전도 잘하는 법 ⑩ : 꾸준함과 부지런함으로 전도할 친구 대하기

이 말은 전도할 친구가 나의 VIP 고객이라 생각하고 꾸준하게 기도하면서 부지런함으로 고객 만족을 시켜 주라는 뜻입니다. 꾸준함과 부지런함으로 잘 섬겨서 감동을 받게 하라는 것입니다. 가랑비에 옷이 젖듯이 한결같이 대함으로써 상대를 미안하게 만들어 나의 제안에 거절하지 못하도록 하는 방법입니다.

제가 좋아하는 가수 중에 신승훈이 있습니다. 좋아하기도 하지만 닮고 싶고, 존경하는 사람이기도 합니다. 노래를 좋아하는 건 물론이고 신승훈을 좋아하는 또 한 가지 이유는 그의 꾸준함 때문에 그렇습니다. 신승훈은 제가 초등학교 3학년 때인 1990년 '너는 장미보다 아름답진 않지만'이라는 노래로 데뷔한 이래 지금까지 정규앨범 10장에 1,500만 장의 음반 판매 기록을 가지고 있는 발라드계의 황제입니다. 올해로 데뷔 20년째를 맞는데 그 동안 다른 길로 외도 한번 하지 않았습니다. 간혹 토크쇼에 나온 것 말고는 오직 발라드 노래를 부르고 있는 가수입니다. 그의 꾸준함은 무섭습니다. 바로 이 한결같은 꾸준함이 있었기에 지금의 신승훈이 있는 것입니다.

전도할 대상자에게 꾸준하고 부지런히 전도하십시오. 열 번 찍어서 안 넘어가는 나무 없듯이 언젠가는 반드시 마음의 문을 열고 교회에 들뜬 마음으로 가고 있을 것입니다.

부지런히 잘 섬기며 전도하기 위해서는 일단 자기 자신의 일을 잘해야 합니다. 자신의 일도 제대로 못하는데 남을 돌아볼 겨를이 없습니다. 섬길 여유가 없다는 것입니다. 할 수 있으면 자신의 일에 최선을 다해 완전하고 완벽하게 하십시오. 그러고 나서 부지런하게 전도할 친구의 필요를 채워 주는 것입니다.

그 친구의 필요를 완벽하게 채워 줄 필요는 없습니다. 아니, 우리가 하고 싶어도 못합니다. 우리가 하나님도 아닌데 어떻게 그 친구의 필요를 완전하게 채워 줄 수 있겠습니까. 할 수 있는 한 부지런히 그 친구에게 잘해 주십시오. 한결 같은 모습을 꾸준하게 보이는 것이 좋습니다. 그러면 친구는 별다른 말을 하지 않아도 우리의 마음을 알고 좋아할 것입니다. 좋아한다는 말은 믿는다는 뜻이고 마음이 움직여서 교회에 같이 가게 될 것입니다.

전도 잘하는 법 ⑪ : 열정

전도에 대한 열심과 열정을 가져야 합니다. 친구에게 교회 가자는 말을 안 하고는 못 배기는 그런 마음의 열정을 가지고 열심을 내라는 것입니다. 그리고 하나님에 대한 열정을 가지고 사십시오. 불신자들로 하여금 "저 사람은 하나님과 교회에 정말 열정적이야. 대단해. 열의가 넘쳐나!"라는 말을 들으십시오. 그래서 그 친구들이 '도대체 기독교에 뭐가 있기에 저렇게 빠져서 사는 거지?' 하는 궁금증이 생겨 질문을 할 정도가 되게 하십시오. 나쁜 일 빼고서는 어떤 일이든 열정을 가지고 최선을 다하는 모습이 아름답습니다. 이런 모습은 다른 사람의 부러움을 사기도 합니다.

저는 가수 신승훈과 함께 비를 아주 좋아합니다. 뜨겁다 못해 무서운 비의 열정은 저를 감탄하게 만듭니다. 비처럼 춤 잘 추고 멋진 가수는 많이 있습니다. 그런데 제가 보기에 자신의 일에서 열정을 보이는 이는 비가 정말 최고인 것 같습니다. 비록 비가 저보다 어리기는 하지만 이런 면에서 진심으로 존경합니다. 저도 다른 친구들에게 '늘 에너지가 넘친다', '에너지가 충만하다 못해 터질 것 같다'는 소리를 듣습니다. 그래서 별명도 에너자이저입니다. 이런 소리를 듣는 제가 봐도 춤과 노래, 연기에 대한 비의 열정은 대단합니다.

일에 대한 열정과 열심으로 가수 비는 '매트릭스'와 '스피드 레이서'의 감독이었던 워터쇼키 형제가 만든 '닌자 어쌔신'이란 제작비

1,000억이 넘는 헐리우드 영화의 주인공이 되었습니다. 영화의 흥행을 떠나서 그의 일에 대한 열정과 열심은 정말 누구나 배워야 할 것입니다.

저는 저에게 선한 영향력을 끼친 신승훈과 비에게 꼭 한번 식사 대접을 하고 싶습니다. 아쉽게도 두 사람 모두 크리스천은 아닌 것으로 알고 있습니다. 언젠가 만나서 같이 식사를 하며 예수님도 소개하고 교회 가자는 말을 꼭 해주고 싶습니다. 선한 계획이고 하나님이 기뻐하시는 계획이기 때문에 언젠가는 하나님께서 누구를 통해서든지 만남을 이루어 주시리라 믿습니다.

저는 교사이기에 아이들을 가르치는 일과 전도하는 데 온 열정과 열심과 정성을 다 쏟으려고 합니다. 그래서 비의 열정을 뛰어넘고 싶습니다. 비록 분야는 다르지만 제가 지금 하는 일에 대한 열정만큼은 비와 경쟁해서 이기고 싶습니다.

이렇게 열심을 내면 저도 모르는 사이에 그 일에 빠져들게 되고 전문가가 되어가는 자신을 발견하게 될 것입니다. 노래하고 춤추고 연기하는 데도 온 열정과 열심을 다하는데, 하물며 영혼을 살리는 일에 내 온몸을 불사를 정도의 열심을 내지 않는다면 진정 부끄러운 일일 것입니다.

전도에 대한 열심과 열정을 내보십시오. 그러면 하루하루의 삶에 활력이 넘쳐납니다. 행복해지고 즐거움이 넘쳐납니다. 요즘 우울증이 심각한 병이라고 연일 기사에 나오고, 유명 연예인들이 우울증 때문에 힘들어하고 자살까지 하는 것을 보게 됩니다. 이러한 우울증도 전도하면서 자신을 개발하고 전도 대상자들을 관리하면서 관계를 맺는다면 한 길로 왔다가 일곱 길로 도망갈 것입니다.

> "네가 자기의 일에 능숙한 사람을 보았느냐 이러한 사람은
> 왕 앞에 설 것이요 천한 자 앞에 서지 아니하리라"(잠 22:29).

저는 전도하는 것도 제 사업이라고 생각합니다. 전도하기 위해 열심을 내어 아이들에게 가르치는 것도 있습니다. 제가 만일 흐지부지하게 일하고, 아이들이 이해 못할 정도로 가르치는 것이 형편없다면 전도가 제대로 되겠습니까? 이러고 나서 교회 가자고 하면 다들 속으로 저를 흉볼 것입니다.

저는 이 세상의 사업 중에 가장 중요한 사업이 예수님을 알리는 사업이라고 생각하고 그렇게 확신합니다. 다단계를 보면 일단 사람들을 자신의 사무실로 데리고 가서 설명을 듣게 합니다. 마치 마음에서 우러나오는 듯한 진심어린 칭찬을 하고 환하게 웃으면서 두 팔을 벌리며 반깁니다. 정말 잘 왔다고 끌어안습니다. 이렇게 다단계를 통해 물건을 파는 분들도 온 마음을 바쳐 일하는데 예수님을 알리는 우리는 목숨을 걸고 해야 마땅할 것입니다.

전도 잘하는 법 ⑫ : 기도

뭐니 뭐니 해도 전도할 때 가장 중요한 것은 기도입니다. 비단 전도뿐만이 아니라 하나님의 일 가운데 기도 없이 되는 것은 하나도 없

습니다.

"이르시되 기도 외에 다른 것으로는 이런 종류가 나갈 수
없느니라 하시니라"(막 9:29).

이 말씀처럼 기도 없이는 아무것도 할 수 없습니다. 하나님께서 영
혼을 붙여 주시는데 어찌 준비되지 않은 사람에게 영혼을 맡기시겠
습니까.

전도에 필요한 것은 진정 기도입니다. 정말로 기도뿐입니다. 사랑
하는 친구들 이름을 한 명 한 명 부르면서 기도해 보십시오. 기도하
면서 눈물을 흘린 적이 먼 옛날이라고 말하는 분들, 다시 뜨겁게 하
나님께 기도하면서 매달리기 원하는 분들, 잃어버린 영혼에 대한 하
나님의 마음을 알고 싶어 하는 분들은 모두 전도할 친구들의 이름을
부르면서 기도해 보십시오.

저는 기도할 때 제 보물상자를 펼쳐놓고 기도합니다.

저의 보물은 전도 수첩입니다. A, B, C단계로, 또는 교회 올 가능
성 90%, 70%, 50%, 30%로 사람들을 분류해 놓은 수첩입니다. 이
수첩에는 전도할 친구들에 대한 자세한 정보가 적혀 있습니다. 제게
는 이 수첩이 성경책 다음으로 소중한 보물입니다. 어디를 가나 꼭
가방에 넣고 다닙니다. 언제 어디서든 금방 꺼내 볼 수 있고, 보고 기
도하고 연락할 수 있어서 너무 좋습니다.

처음에 전도할 때는 제가 잘해서 친구들이 교회 잘 따라가는 줄 알

았습니다. '내가 이만큼 해주는데 안 오는 것이 이상하지'라는 생각마저 들었습니다. 그런데 기도 없이 저의 노력만으로 했을 때는 결국 시간이 조금 흐르고 난 후 교회에 남는 이들이 없었습니다.

그런 경험을 한 후에 저는 무릎 꿇고 하나님께 철저하게 회개기도를 드렸습니다. 그리고 전도할 친구가 제 앞을 스쳐 지나가도 짧게 '하나님 도와주세요'라고 마음속으로 기도한 다음에 친구를 만나 교회 가자는 이야기를 꺼냈습니다. 그랬더니 하나님이 전도할 사람을 끊임없이 붙여 주셨습니다.

전도는 하나님이 하셨습니다. 단지 저를 도구로 사용하셔서 사람들을 교회로 인도하고 정착하도록 하신 것입니다. 하나님께서는 저를 믿고 전도의 사명을 주셨습니다. 이 사실이 얼마나 감사한지 모릅니다.

우리 교회 친구 중에는 전도할 친구를 위해 기도하다가 이런 일을 경험했다고 합니다. 하루는 전도 대상자인 친구가 이상한 꿈을 꾸었습니다. 꿈에 갑자기 검은 그림자가 나오더니 불이 활활 타오르는 불구덩이 속으로 사람들을 던지고 있었습니다. 다 던지고 나더니 이제는 그 친구를 잡아 불구덩이 속으로 던지려고 쫓아오더랍니다. 너무 놀란 친구는 무조건 도망쳤습니다. 한참을 달리다가 많은 사람이 무리 지어 있는 곳으로 들어갔습니다. 그랬더니 그 검은 그림자가 "에이씨" 하면서 잡는 것을 포기하고 되돌아갔다고 합니다. 그제야 친구는 안도의 한숨을 쉬면서 주위를 둘러보았는데 거기가 바로 수영로교회였습니다. 수영로교회 사람들이 모여 있는 곳으로 이 친구가 몸을 숨겼던 것입니다.

이 꿈을 꾼 친구가 기도한 친구에게 와서 자기가 꾸었던 꿈 이야기를 하며 이렇게 말했답니다.

"친구야, 내가 이런 꿈을 꿨는데 니가 내 교회 오게 해달라고 기도 많이 했제? 하나님이 계시다는 거 이제 확실히 알겠다. 내 교회 꼭 나갈게."

기도하면 하나님이 행하십니다. 기도하면 하나님이 되게 해주십니다. 기도하면 하나님이 환경을 만들어 주십니다. 기도하면 하나님이 안 되는 것조차 되도록 해주십니다. 사랑하는 친구가 교회 나오게 해달라고 기도하십시오. 하나님께서 이 기도를 너무나 듣기 원하시고 이런 기도를 기다리실 것입니다. 그래서 저는 경험상 다른 기도보다도 전도하기 위해 드린 기도는 아주 빨리 응답을 받습니다.

전도하기 원하는 친구가 생겼습니까? 그럼 바로 기도하십시오. 기도하면 하나님이 들어 주십니다. 어떻게 전도할지 기도를 통해 전략을 세우십시오.

이상에서 말씀드린 열두 가지 전도 방법 중에서 자신이 잘할 수 있다고 생각하고, 마음에 드는 항목부터 한두 가지씩 실천해 보십시오. 그러면 조금씩 전도하는 자신뿐만 아니라 전도하고 싶은 친구들에게도 변화가 생길 것입니다.

전도에 대한
7가지 오해

많은 분이 저에게 "전도를 시도하는 것 자체가 망설여질 때가 있다", "시도는 한 번씩 하는데 금방 포기해 버리게 된다"는 말을 종종 하며 좋은 방법이 없느냐고 묻습니다. 그런 분들에게 전도에 대한 두려움이나 오해를 없애는 방법에 대해 말씀드리고 싶습니다.

전도에 대한 오해 ① : 전도는 전도의 은사가 있는 사람들이 하는 것이다.
전도는 은사가 있는 사람이 하는 것이고, 전도의 은사가 없는 사람은 자신의 달란트에 맞는 다른 사역을 하는 것이 좋다고 말하는 사람들이 있습니다. 하지만 제가 생각하기에는 결코 그렇지 않습니다. 전도의 은사를 누구는 받았고, 누구는 받지 않았다는 것은 말이 안 됩니다. 전도의 은사는 크리스천이라면 모두 타고 났다고 생각합니다.

성경에 이런 말씀이 있습니다.

> "예수께서 나아와 말씀하여 이르시되 하늘과 땅의 모든 권세를 내게 주셨으니 그러므로 너희는 가서 모든 민족을 제자로 삼아 아버지와 아들과 성령의 이름으로 세례를 베풀고 내가 너희에게 분부한 모든 것을 가르쳐 지키게 하라 볼지어다 내가 세상 끝날까지 너희와 항상 함께 있으리라 하시니라"(마 28:18-20).

하나님 아버지께서 자녀들인 우리에게 전도할 수 있는 은사를 다 주셨다는 것입니다. 수영도 못 하는데 수영해 보라고 물속으로 자녀를 떠미는 아버지가 어디 있겠습니까. 우리 하나님 아버지도 마찬가지이십니다. 능력을 주시고, 때에 맞는 것들로 채워 주시고, 환경을 열어 주시며, 전도를 가능하게 해주시는 것입니다. 무엇이든 처음 시도할 때는 실수도 많고 실패도 하게 됩니다. 어찌 처음부터 완벽할 수 있겠습니까. 이렇게 실수하면서 요령이 생기고, 그러다 보면 자신만의 노하우가 생겨 전도에 자신감이 붙는 것입니다.

다시 한 번 강조해서 말하지만 "나한테는 전도의 은사가 별로 없어서 전도를 잘 못하겠어"라고 스스로를 위로하는 분들은 당장 그런 생각을 버리기 바랍니다. 사탄의 속임수에 넘어가지 마십시오. 하나님께서 우리 각자에게 주신 놀라운 능력을 끄집어 내서 전도하는 데 마음껏 사용해야 합니다.

그리고 "난 내성적이라서 전도를 잘 못하겠어. 전도 잘할 수 있는 성격이 못 돼"라고 말하는 분들도 생각을 달리해야 합니다. 내성적인 성격이라 상대가 먼저 다가오기를 바라기 때문에 새로운 사람들과 관계를 맺는 데 시간이 좀 걸릴 뿐입니다. 제 주위에 있는 내성적인 분들은 대부분 속이 깊고 이해심이 많고 이야기를 잘 들어줍니다. 오히려 외향적인 분들에게 없는 이런 장점이 전도할 때 큰 도움이 됩니다. 실제로 저희 교회에 전도 잘하시는 분들 중에 내성적인 분들이 상당히 많습니다. 용기를 내어 먼저 다가가려는 노력만 더해진다면 여러 장점으로 인해 많은 사람을 교회로 인도할 것입니다.

게다가 내성적인 분들은 교회에 나오기를 망설이는 분들의 마음을 누구보다 잘 이해하고 있기 때문에 그런 분들을 전도하기가 쉽습니다. 저처럼 외향적인 사람들이 놓치기 쉬운 부분을 예리하게 느끼기 때문에 장점으로 승화시킬 수 있는 것입니다.

우리의 있는 모습 그대로를 하나님이 쓰신다는 사실을 잊지 마십시오.

전도에 대한 오해 ② : 전도 대상자와 어색한 관계가 될 것이다.

전도하게 될 때 전도 대상자와 사이가 틀어지거나 관계가 나빠질 것이라고 하는 생각입니다. 이것은 정말 잘못된 생각입니다. 앞에서 말씀드린 A, B, C단계 중에 C단계에 있는 사람을 강하게 밀어붙이는 경우만 아니라면, 관계가 어색해지거나 나빠지지 않습니다. 전도하기 위해 많은 관심을 가져 주고 섬기고 챙겨 주며 기도하기 때문에 관계가 분명히 좋아집니다.

그리고 한 가지 더, 전도하는 과정의 네 번째 단계인 밀고 당기기에 조금만 익숙해져서 잘 활용한다면 반드시 좋은 관계로 발전합니다. 혹시 관계가 나빠질 기미가 보이면 거기서 멈추면 됩니다. 잠시 멈추었다가 잘할 수 있다는 생각이 들 때 다시 시도하면 됩니다. 관계가 나빠질까 봐 두려워하거나 어렵게 생각하지 말고 도전을 하십시오. 나머지는 하나님께서 인도해 주실 것입니다.

전도에 대한 오해 ③ : 전도하면 시간을 많이 빼앗긴다.

전도를 하다 보면 시간과 노력이 들기 마련입니다. 하지만 무조건 생활에 지장을 줄 정도로 많은 시간을 빼앗기는 것은 아닙니다. 자신이 하기 나름입니다. 만약 제가 학생이라고 치면, 공부하는 시간을 빼서 전도하는 데 쓸 수도 있지만, 텔레비전 보는 시간이나 여가 시간, 또는 밥 먹는 시간을 이용해서 전도할 수도 있습니다. 전자의 경우는 당연히 자신의 일에 지장을 줄 수 있겠지만, 후자처럼 시간 활용을 한다면 유용하게 하루 일과를 보낼 수 있을 것입니다. 저 같은 경우는 전도하는 시간을 만들기 위해 제게 주어진 일을 신속하고 정확하게 끝내는 데 집중했습니다. 그러다 보니 일의 효율도 오르고 더 많은 일을 하게 됐습니다.

지금 해야 하는 그 일을 열심히 하는 것 자체가 하나님이 주신 일이며 전도일 때가 많습니다. 교사라면 가르치는 일이고, 학생이라면 공부하는 일입니다. 이렇듯 자신의 일에 최선을 다하면서 전도의 기회를 만들기 위해 노력해 보십시오. 자신의 삶에 놀라운 기적이 일어나는 것을 경험하게 될 것입니다.

전도에 대한 오해 ④ : 내가 완벽한 사람이 되어야 전도가 된다.

이 세상에는 완벽한 인간이란 없습니다. 어떤 사람과 10분만 이야기를 나누다 보면, 그의 장점과 단점이 주르르 나옵니다. 어느 누가 100% 완벽할 수 있겠습니까. 많은 단점과 장점 가운데 우리는 자신의 장점을 가지고 전도에 잘 사용하면 됩니다.

저 역시 단점이 매우 많은 사람입니다. 특히 정말 덜렁거리는 성격 때문에 실수가 많고 어이없는 상황에 처할 때도 있습니다. 그럼에도 불구하고 힘을 내서 전도에 매진하고 있습니다. 이 세상에 완전한 사람은 없습니다. 천국에 갔을 때만 우리 모두가 완벽하고 완전해집니다.

전도에 대한 오해 ⑤ : 나의 과거를 아는 사람들은 전도하기 힘들다.

나의 안 좋은 과거를 아는 사람들은 만나기가 두려울 수 있습니다. 그런 사람들이 나에 대해 가진 편견 때문에 하나님을 만난 지금의 내 모습을 믿지 않으려 할지도 모른다는 생각이 들기도 합니다. 하지만 천만의 말씀입니다. 그런 분들이 오히려 자신의 밥이라고 생각하십시오. 과거의 나의 모습을 잘 알기에 예수님을 믿고 변화된 모습에 더 놀라며 강한 믿음과 신뢰를 갖게 될 것입니다. 당당히 자신의 모습을 보여 주십시오. 그다음은 하나님이 다 알아서 하십니다.

> "그런즉 누구든지 그리스도 안에 있으면 새로운 피조물이라 이전 것은 지나갔으니 보라 새 것이 되었도다"(고후 5:17).

자꾸 과거에 연연하게 될 때에는 이 말씀을 붙들고 나가면 됩니다. 분명 변화된 모습을 보면 상대방이 놀랄 것입니다. 혹시 "예전에 참 별 볼 일 없었던 놈이 웃기네. 자기가 뭔데"라고 할까 봐 걱정되십니까? 그것은 기우에 지나지 않습니다.

중요한 것은 바로 지금 이 순간 자신의 모습입니다. 과거에 내가 어떤 사람이었는지는 중요하지 않습니다. 러시아의 위대한 작가 톨스토이는 "가장 중요한 순간은 바로 지금 이 순간이고, 가장 중요한 사람은 바로 지금 내가 만나고 있는 사람"이라고 했습니다. 지금 이 순간 변한 나의 모습에 자신감을 가지기를 바랍니다.

오히려 과거의 모습이 못났다고 생각되면, 이제 예수님을 만난 후 변한 자신의 모습을 떳떳이 보여 줄 때입니다. 당당해지십시오.

전도에 대한 오해 ⑥ : 전도는 믿음이 성숙한 사람이 하는 것이다.

'나는 아직 믿음이 좋지 않아서 전도하기에는 이르다. 어느 정도 믿음이 자라면 그때 하겠다'고 생각하는 것은 사탄이 심어 주는 생각입니다. 왜냐하면 전도하는 것을 계속 미루게 할 수 있기 때문입니다.

성경에 나오는 인물 중에 안드레와 빌립, 수가성 사마리아 여인의 공통점이 무엇인지 아십니까? 바로 이들의 공통점은 예수님을 만나자마자 주위 사람들에게 "와서 보라"고 전도했다는 것입니다.

안드레와 빌립은 예수님의 제자들이니 그렇다 치더라도 수가성의 사마리아 여인을 보십시오. 예수님이 자신과 남편의 관계를 다 아시는 것을 보고 그리스도라 고백하며 처음 한 행동이 무엇입니까? 항아리를 버려 두고 성으로 들어가 성 안에 있는 사람들에게 예수님의 존재를 알리며 전도한 사실입니다. 그 결과 성 안에 있는 많은 사람이 예수님을 믿는 기적 같은 일이 일어났습니다.

저는 세례 받고 전도하지 않았습니다. 신구약 다 읽고 전도하지 않았습니다. 40일 금식기도 하고 전도하지 않았습니다. 물론 전도를 하기 위해서는 기도가 꼭 필요합니다. 하지만 제가 말하려는 핵심은 전도하는 데 너무 뜸들이지 말고, 주저하거나 망설이지 말라는 말입니다.

제가 어릴 적에 친구들과 맛있는 과자를 먹게 되었는데, 내 몫을 얼른 안 먹고 아끼고 있다가 결국 어떻게 됐는 줄 아십니까? 다 먹은 아이들에게 빼앗겨 버렸습니다. 이걸 보고 친구들이 '아끼면 똥 된다'라고 놀려댔던 기억이 납니다. 전도하는 것을 너무 아끼다가 자신의 능력이 녹슬어 못쓰게 되는 일이 없도록 하십시오. 지금 이 순간이 가장 전도하기 좋은 때일 수 있습니다.

전도에 대한 오해 ⑦ : 전도하다가 실패하면 큰 상처를 입는다.

물론 전도하다가 실패하면 가슴이 아플 수 있습니다. 저에게도 전도를 계속 거부하는 이들이 있습니다. 솔직히 서운하고 아쉽기는 하지만, 저는 그것을 상처로 여기지 않습니다. 왜냐하면 전도를 거절하는 것은 그 사람의 입장에서는 당연한 반응일 수 있기 때문입니다.

교회 가자고 했을 때 거절하는 것이 더 자연스럽고 당연하다고 생각되지 않습니까? 자신이 원래 가진 성격이나 가치관, 습관이 있는데 누가 옆에서 다른 것으로 바꾸기를 권한다고 흔쾌히 바꿀 사람은 없습니다. 바꾸려는 마음이 있어도 시간이 필요한 것입니다.

하물며 습관보다 더 민감한 종교인데, 쉽게 결정을 내릴 사람은 아무도 없습니다. 더 신중해지고 고민해 보는 게 당연합니다. 상대가 거절하는 것을 당연히 여기십시오. 그러면 상대방의 거절이 작은 아쉬움만 남길 뿐 더 이상 상처가 되지 않습니다. 아쉬움과 미련이 있기에 또 도전할 수 있는 것입니다.

그리고 하나님이 우리의 아쉬운 마음을 달래 주십니다. 우리 하나님 아버지가 어떤 분이신데 그런 마음을 가만히 내버려 두시겠습니까. 하나님은 위로의 하나님이시고, 늘 새 힘을 주는 분이십니다. 전도하다가 거절당하고 속상해 할 때 그 아픔이 아물도록 어루만져 주시고 우리의 어두운 생각을 변화시켜 주십니다. 그러면서 높은 벽을 뛰어넘을 수 있는 힘과 은혜와 위로와 칭찬으로 채워 주십니다.

전도하다가 낙심하고 힘이 들 때는 주위 동료나 교회 리더, 그리고 목사님에게 도움을 청하는 것도 좋은 방법입니다. 열심히 하려고 하는데 잘 안 된다고, 그래서 마음이 조금 힘들다고 이야기해 보십시오. 그러면 그분들은 계속 노력하면 언젠가는 성공할 것이라고, 하나님이 반드시 전도 대상자를 붙여 주실 것이라고 격려해 주며 축복 기도를 해주실 것입니다.

제가 말씀드린 것 외에도 더 많은 전도에 대한 오해와 두려움이 있을 것입니다. 그런 것들을 두려워 말고 하나님을 의지하며 하나씩 이겨내 보십시오. 여호와 닛시, 하나님이 승리를 선물로 주실 것입니다.

전도할 때
7가지
주의사항

세탁할 때 반드시 드라이크리닝해야 하는 옷을 세탁기에 돌려 망가지게 하지 않으려면 반드시 주의사항을 읽어 봐야 하는 것처럼 전도를 할 때에도 그 전에 주의사항을 숙지할 필요가 있습니다.

저는 전도하다가 실패한 사례들을 분석하면서 전도할 때의 주의사항을 정리하게 됐습니다. 예전에 한 자매에게 저의 실패 사례를 나눴더니 너무 좋아했습니다. 이유인즉슨 전도왕으로 소문난 제게 실패했던 사례가 있는 줄은 미처 몰랐다는 것입니다. 저의 실패담을 듣고 더 용기가 생긴다며, 간증할 때 실패 사례를 더 많이 해달라고 요청했던 적이 있습니다. 그 자매의 말을 듣고 저는 제 실패 사례가 오히려 전도하려는 사람들에게 용기와 희망을 줄 수 있겠다는 생각이 들었습니다.

지금부터는 제가 실패를 딛고 깨닫게 된 점들을 바탕으로 전도할 때 주의해야 할 사항에 대해 이야기해 보도록 하겠습니다.

주의사항 ① : 전도 대상자와 돈거래 하지 말기

전도하려는 분과 절대로 돈거래를 해서는 안 됩니다. 잠언에서도 보증은 서 주지 말라고 말씀하고 있습니다. 만약 돈을 빌려 주게 되면, 돈을 제때 돌려받는 경우도 있지만 행여 약속기한을 넘기는 경우 그 친구와의 신뢰가 무너지게 됩니다. 그 상황에서 돈을 빌린 친구와 연락이라도 안 되면 밤잠을 설치게 되고 원망과 미움이 생기게 됩니다.

어떻게 친구가 급한데 안 빌려 줄 수 있느냐고 반박하는 분도 있을 것입니다. 정 빌려 주려거든 그 친구가 빌려 준 돈을 안 갚아도 괜찮을 만큼만 빌려 주십시오. 약속기한을 어겨도 전혀 신경 쓰이지 않을 만큼만 빌려 주십시오. 아예 그냥 후원한다는 생각으로, 못 받을 각오를 하고 주는 것이 가장 마음 편할 것입니다.

개인 사정에 따라 그 금액은 다를 것입니다. 하지만 비록 적은 돈이라도 친구가 안 갚거나 기한을 어기는데 신경이 안 쓰이기는 힘듭니다. 계속 생각나고 신경이 쓰여서 일이 손에 안 잡히기도 합니다.

아는 사이에 언제 돌려줄 수 있느냐고 묻기도 그렇고, 가만히 있자니 답답할 것입니다.

친구에게 돈을 빌려 준 것이 아니라 그냥 주었다고 생각할 자신이 없다면 절대 돈을 빌려 주어서는 안 됩니다. 차라리 처음부터 아예 돈을 빌려 줄 여유가 없다고 해서 친구가 약간 서운해 하는 것이 낫지, 빌려 주고 마음 고생하는 것은 못할 일입니다.

제가 실패했던 사례는 이렇습니다. 하루는 전도하려는 친구가 장사하는 데 돈이 필요하다는 것입니다. 리어카로 길거리에서 장사를 할 계획인데, 약간의 돈이 모자라다며 그만큼만 빌려 달라고 했습니다. 꼭 금방 갚겠다는 말을 몇 번이나 했습니다. 그때 저는 친구가 말한 액수보다 더 많이 빌려 줬습니다. 돈을 받으면서 친구는 주일날 교회에 나온다는 말도 했습니다. 저는 그 말을 듣고 돈을 빌려 줄 때 너무 기뻤습니다. 나의 돈이 친구도 돕고 전도하는 도구로도 사용되었다고 생각하니 하나님이 무척 기뻐하실 거라고 여겼습니다.

그런데 그 친구가 생각했던 것처럼 장사가 잘 안 되었던 모양입니다. 처음 얼마 동안은 연락이 잘 되던 친구가 어느 순간부터 연락이 뚝 끊겼습니다. 저는 친구도 잃고 돈도 잃고 상처도 받게 되었습니다. 너무나 슬펐습니다. 장사야 잘 안 될 수도 있는 것이고, 돈은 천천히 나눠서 갚아도 될 일인데, 연락마저 끊어 버리니 솔직히 속상해서 잠을 이룰 수가 없었습니다. 그 친구의 상황이 힘들다는 것을 알았기에 좋은 마음으로 빌려 준 것인데, 이런 식으로 저에게 상처를 주는 친구가 정말 미웠습니다. 나중에는 처음부터 그 친구가 나에게

갚을 마음이 없었던 것은 아닌가 하는 생각마저 들었습니다.

이 일이 있은 지 8년이란 시간이 흘렀습니다. 그런데 우연한 기회에 그 친구와 연락이 닿았습니다. 다른 친구와 전화 통화를 하고 있는데, 옆에 그 친구도 같이 있다는 것입니다. 통화를 하고 싶어서 바꿔 보라고 했는데 그 친구가 전화를 받는 순간까지 "야, 임마, 너 8년 전에 돈 빌려 놓고 연락 안 된 거 알고 있지? 니가 어떻게 나한테 그럴 수 있노! 옆에 그 친구한테 나한테 빌렸던 돈 줘 놔라"고 말하고 싶었습니다.

하지만 이렇게 말하면 8년 만에 연락 닿은 친구도 잃고 처음에 통화하던 친구와도 사이가 어색해질 것 같아 그냥 반갑다는 인사를 나누고 이런저런 이야기를 하다가 끊었습니다. 그 친구가 다음번에 저를 만나러 올지 모르겠습니다. 저에게 돈 빌린 사실을 기억하지 못한다면 나오겠지만, 빌린 사실을 기억하고 있다면 쉽게 나올 수 없을 것입니다. 아무튼 저처럼 이렇게 난처한 경우를 경험하지 않으려면 처음부터 돈 거래를 하지 않는 것이 가장 현명한 방법입니다.

반대로 돈을 빌리는 경우에도 자신이 제때 갚으면 몰라도 여의치 않은 상황이 되어 돌려주기로 한 시한을 지키지 못하면 분명 신뢰를 잃게 됩니다. 그 친구가 교회 안 다니는 친구라면 전혀 은혜가 되지 않고 더욱 곤란해지니 돈을 빌리는 일도 안 하는 것이 좋습니다.

주의사항 ② : 의욕이 앞서 밀어붙이지 말기
전도를 할 때 단호하게 해야 할 때도 있지만, 계속 강하게만 밀어

붙이고 몰아넣으면 상대방이 빨리 질려서 도망갈 수 있습니다. 그러므로 조급한 마음이 들어도 상대방의 상황을 고려해야 합니다. 저는 전도에 대한 의욕과 열정이 너무 커서 실수한 적이 많았습니다. 전도에서 밀고 당기는 것의 중요성을 몰랐을 때였습니다. 만날 때마다 교회 가자는 저의 말에 부담이 되었는지, 친구가 저를 슬슬 피하는 느낌을 받았습니다. 그리고 급기야는 백 미터 전방에 있는 친구에게 반갑다며 손을 흔들었는데 옆에 있는 샛길로 피하는 모습을 보고 충격을 받은 기억도 있습니다.

"슬로우 슬로우 퀵 퀵."

〈쉘 위 댄스〉란 영화에서 나온 대사인데, 춤을 출 때 "천천히 천천히, 빨리 빨리" 하면서 박자를 맞추듯이 전도할 때도 속도 조절은 필수입니다.

주의사항 ③ : 가르치려 들지 말기

전도는 무조건 말을 많이 해서 복음을 전하는 것이 아닙니다. 먼저 상대방의 이야기를 잘 들어주는 것이 필요합니다. 그것이 상대방의 닫힌 마음 문을 여는 가장 좋은 방법이기 때문입니다. 예전에 저는 친구에게 교회에 대한 이런저런 이야기를 해주고 싶어서 혼자 마구 떠들었습니다. 교회 오면 좋은 점들에 대해 한참을 이야기했는데, 친구는 듣는 둥 마는 둥 하고, 전도도 잘 되지 않았습니다.

교회 다니면 좋은 점들, 하나님을 믿으면 좋은 점들을 이야기할 시간은 앞으로도 많습니다. 그러니 처음부터 일방적으로 늘어놓지 말고, 힘을 빼 보십시오. 그리고 먼저 친구의 말을 귀 기울여 들어주십시오. 힘을 빼고 귀는 쫑긋 세우고 눈에 힘을 주어 상대방을 바라볼 때 정작 원하는 것을 이룰 수 있습니다. 말이 많으면 실수도 하게 되고 신뢰감이 떨어지는 법입니다.

성경에서도 말에 대해 이렇게 이야기하고 있습니다.

"말이 많으면 우매한 자의 소리가 나타나느니라"(전 5:3).

"말이 많으면 허물을 면하기 어려우나 그 입술을 제어하는 자는 지혜가 있느니라"(잠 10:19).

우리는 그저 좋은 정보를 주려는 것인데, 이것이 잘못 전달되어 상대방이 '나를 가르치려고 하는구나'라고 느끼게 해서는 안 됩니다. 지구상의 어떤 사람도 다짜고짜 자신을 가르치려 드는 친구를 좋아할 리 없습니다.

주의사항 ④ : 실패를 두려워하지 않기

말 그대로 전도하다가 실패하는 것을 두려워하지 않는 것입니다. 저는 하도 실패를 많이 해서 "하나님, 저 이제 전도 안 할랍니다. 이렇게 해도 안 되는데 더 이상 못하겠습니다"라고 울면서 기도하기도 했습니다. 하지만 하나님께서 목사님의 설교 말씀을 통해 깨닫게 하시고 다시 일어설 수 있는 힘을 주셔서 금방 회복이 되었습니다.

미국에서 가장 인기 있는 스포츠는 야구입니다. 세계에서 가장 뛰어난 메이저리거들이 펼치는 야구 경기는 그야말로 전 세계 사람들의 관심을 집중시키고 있습니다. 이 메이저리거들 중에 베이비 루스라는 홈런타자가 있었습니다. 하루는 전설적인 뉴욕 양키즈의 홈런타자 베이비 루스에게 한 기자가 입이 마르도록 칭찬을 하며 이런 질문을 던졌습니다.

"베이비 루스 선수, 어떻게 홈런을 그렇게 많이 칠 수 있는 건가요?"

그러자 베이비 루스가 대답했습니다.

"전 714개의 홈런을 치기 위해 1,330번의 삼진아웃을 당했습니다."

이 이야기를 듣고 저는 얼마나 감사했는지 모릅니다. 자신감을 잃어버린 저에게 하나님이 용기를 잃지 말고 힘내라고 들려 주신 이 말씀을 듣고 감격의 눈물을 흘렸습니다. 그리고 다시는 좌절하거나 낙심하지 않고 지금까지 전도를 생활화하며 지낼 수 있었습니다.

그렇습니다. 시도하지 않는 것이 더 큰 후회와 아픔으로 남게 됩니다.

"실패? 그 까이껏 뭐 대수래? 그냥 하면 되지."

이렇게 말하면서 전도에 용감하게 도전해 보십시오.

주의사항 ⑤ : 어려운 신학 용어 자제하기

사람은 서로 말이 잘 통하지 않으면 그 자리가 불편해집니다. 예를 들어 프랑스어를 못하는 사람이 있는데, 다른 친구들이 모두 프랑스어로 대화를 하고 있다면, 그 사람은 혼자 뻘쭘해서 그 자리를 뜨고 싶을 것입니다.

　마찬가지로 어려운 신학 용어나 교회를 조금 다녀야만 알 수 있는 말들은 자제하는 것이 좋습니다. 전병욱 목사님 말씀처럼 그 시대의 언어 코드와 맞아야 청년들에게 들리는 설교를 할 수 있듯이 전도할 때도 친구의 언어코드에 맞출 필요가 있습니다. 친구가 교회 와서 궁금해 할 때 꼭 필요한 만큼만 가르쳐 주면 됩니다.

주의사항 ⑥ : 깨끗하고, 정결하고, 순결하기

　전도할 때 우리가 가장 조심해야 할 것은 바로 사탄(SATAN)입니다. 우리의 귀에 대고 하나님이 원하시는 것과 반대로 행동하도록 거짓 속삭임을 하는 사탄도 조심해야겠지만, 생활 속에서 우리를 나태하게 만들고 하나님으로부터 멀어지게 만드는 요소들도 조심해야 합니다. 저는 그것들 가운데 특히 아래의 사항을 유의해야 한다고 생각합니다. '사탄'이라는 영어 단어의 철자들을 하나씩 풀어보면 다음의 단어들로 조합되는데, 모든 하나님의 일을 함에 있어서 피해야 할 사항들입니다.

　　S(sex) : 음란함, 야한 잡지, 음란 인터넷 사이트
　　A(alcohol) : 술, 알코올 중독
　　T(terror) : 폭력, 폭행, 힘 자랑
　　A(abuse) : 권력의 남용, 오용, 욕설, 학대, 악습
　　N(narcotic) : 마약, 약물복용, 담배 피우는 것

이와 관련해서 제가 들은 이야기를 해보겠습니다.

제 친구가 세 명의 친구를 전도하게 되었다고 합니다. 토요일 저녁에 세 명의 친구들이 주일날 꼭 교회에 온다고 전화까지 받은 상태라 그 친구는 안심하고 주일을 기다렸습니다. 그런데 그 친구가 토요일 밤에 우연히 인터넷을 하다가 음란 사이트에 빠져들어 시간 가는 줄 모르고 꼬박 밤을 지새우게 됐습니다. 그러다가 결국 늦게 일어나서 교회 예배 시간도 늦을 판이었습니다. 부리나케 나갈 준비를 하는데, 교회에서 만나기로 한 세 친구 중에 한 명이 교회 못 가겠다는 메시지를 보내 왔습니다. 제 친구는 아쉬운 마음이 가득했지만, 나머지 두 친구를 잘 인도하기로 하고 얼른 씻고 옷을 입었습니다. 그런데 그 사이 두 친구로부터도 교회 못 가겠다는 연락이 온 것입니다.

제 친구는 평소에 전도를 잘 하던 친구였습니다. 그래서 이런 일이 한꺼번에 일어나니 당황해서 어쩔 줄을 몰랐습니다. 처음 이런 경험을 하고 멍해진 친구는 한순간 자신의 잘못된 행동으로 전도할 친구들이 모두 떨어져 나간 것이라는 생각이 들었습니다. 잘못된 음란 사이트에 빠져 쾌락을 즐긴 그 시간의 대가가 이런 식으로 치러질 줄은 몰랐던 것입니다.

친구는 무릎을 꿇고 엉엉 울면서 하나님 앞에 회개했다고 합니다.

하나님께서는 우리에게 저급한 쾌락을 쫓도록 내버려 두시지 않습니다. 숨어서 담배 피우고, 밤새도록 술 퍼 마시고, 술기운에 처음 만난 여자와 모텔 가고, 혼자 있을 때 인터넷 음란 사이트에 접속해서 맛보게 되는 육체적 쾌락은 하나님이 싫어하시는 것들입니다.

하나님의 일을 하고 싶고, 하나님께 붙들려 큰 일꾼으로 쓰임받고 싶다면 다음의 성경말씀을 가슴 깊이 새기기 바랍니다.

"또한 너는 청년의 정욕을 피하고 주를 깨끗한 마음으로
부르는 자들과 함께 의와 믿음과 사랑과 화평을 따르라"

(딤후 2:22).

우리는 늘 주님 앞에서 경건해야 합니다. 그래서 우리 모두 주님이 쓰시기에 합당한 깨끗한 큰 그릇들로 준비되어 있어야 할 것입니다.

주의사항 ⑦ : 이성을 전도할 때 둘만의 시간은 피하기

이성을 전도할 경우에는 되도록 일대일로 만나거나 밥을 먹는 일은 피하는 것이 좋습니다. 저는 자매와 일대일로 밥을 먹지 않습니다. 왜냐하면 전도를 위해서 밥을 사 주고 대접하는 것인데, 이성은 자신에게 호감이 있는 줄로 착각할 수도 있기 때문입니다. 그래서 저는 이성의 경우 다른 친구들과 함께 여럿이 만나서 밥을 먹습니다. 그렇게 하면 만남이 부담스럽지 않고 쓸데없는 오해도 생기지 않아 좋습니다.

기왕이면 이성을 전도할 때 자신의 동역자 한 명과 자리를 같이 하십시오. 그러면 전도하는 데 더 힘이 생길 것입니다.

전도를 방해하는 것들

전도의 방해 요소 ① : 바쁨

친구에게 전화를 걸면 처음 하는 말이 "지금 바쁘니? 전화 받을 수 있어?"라는 말이 에티켓이 될 만큼 많은 사람이 바쁘게 살고 있습니다. 지금 내 할 일도 바쁜데, 전도할 시간이 어디 있냐고 하십니다. 할 일을 다 해놓고 시간적 여유가 있을 때 전도하겠다고 합니다.

물론 틀린 말은 아니지만, 이렇게 말하는 분들은 대부분 전도가 삶의 우선순위에 없습니다. 분명히 이런 분들은 바빠서 성경을 볼 시간도 없고, 기도할 시간도 없을 것입니다. 매주 할 일이 많아서 대예배만 왔다가 얼른 가 버리는 분들일 것입니다.

그러나 무의미하게 바쁜 것은 좋지 않습니다. 다시 말해서 시간에 쫓겨 사는 것은 좋지 않다는 것입니다. 마음의 여유를 가지고 시간을 이끌어 가십시오. 《너무 바빠서 기도합니다》라는 책은 제목부터 은 혜를 받는 책입니다. 바쁘게 일하다 보면 실수만 연발하고 되는 일이 하나도 없습니다.

전도하는 일을 삶의 우선순위에 두어 보십시오. 바쁘더라도 짬을 내어 전도하는 데 시간을 투자해 보십시오. 하나님이 놀랍게 역사하 실 것입니다.

"그런즉 너희는 먼저 그의 나라와 그의 의를 구하라 그리 하면 이 모든 것을 너희에게 더하시리라"(마 6:33).

이 말씀이 마음속에 살아 움직여서 삶을 지배하도록 하나님의 도우 심을 구하기 바랍니다.

전도의 방해 요소 ② : 교만함

정필도 목사님이 자주 하시는 말씀이 있습니다.

"교만하면 큰일 납니다. 하나님이 가장 싫어하시는 것이 바로 교만 입니다."

교만한 마음이 들면 전도하려는 대상이 안쓰럽게 보이지 않습니 다. 그를 불쌍히 여기는 마음 대신에 그 대상이 못나 보입니다. '쟤는 저게 문제야, 저러면 안 되지', '저 애는 저래서는 안 돼' 하면서 상대방을 평가하게 됩니다.

자기는 뭐든지 잘하는 우월한 자이고, 상대방은 자기보다 한참 낮다고 생각하기 때문에 함께 어울려 다니기를 거부합니다. 함께 다니지 않는데, 전도하고픈 생각이 들 리 만무합니다.

또한 교만으로 똘똘 뭉친 사람은 자신보다 잘난 사람이 있어도 심기가 불편합니다. 어떻게 해서든 흠을 찾으려 하고 집안이나 환경이 좋아서 그런 거라며, 자신이 그런 환경이라면 더 뛰어날 수 있다고 말합니다. 자신보다 더 잘되는 꼴을 못 보는데, 전도하려는 마음이 들겠습니까? 오히려 시기하고 질투하기 바쁠 것입니다.

이렇듯 마음에 교만이 들어오면 주위 사람과의 관계는 깨지게 됩니다. 판단하는 입장에 서게 되어 자신만의 기준을 만들고 스스로 위대한 재판관이 되는 것입니다. 이런 자에게 하나님은 분명히 말씀하고 계십니다.

"교만은 패망의 선봉이요 거만한 마음은 넘어짐의 앞잡이니라"(잠 16:18).

전도의 방해 요소 ③ : 게으름

게으름만큼 무서운 것도 없습니다. 나의 영혼과 삶을 피폐하게 만드는 게으름, 모든 죄의 시작이 되게 하는 게으름은 아무리 경계하고 주의해도 과하지 않습니다. 게으름은 결국 사람을 빈껍데기만 남게 합니다. 자신의 능력을 제대로 써 보지도 못하고 썩게 만드는 것입니다. 전도를 함에 있어서도 게으름은 치명적입니다.

'뭐, 굳이 나 아니라도 누가 전도하겠지.'

'이번에 말고 다음에 전도하지 뭐.'

게으름이란 놈은 이런 생각들을 하게 만듭니다. 현실과 타협하게 하고, 무슨 일이든 뒤로 미루게 합니다. 더 나아가 내가 지금 무엇을 해야 하는데 안 하고 있으니 이러면 안 된다는 위기 의식조차 못 느끼게 만들어 버립니다.

하나님이 무엇인가 할 수 있는 능력과 환경과 시간을 허락해 주셨는데 게으름 때문에 허무하게 시간만 보낸다면 이 얼마나 안타까운 일입니까. 지금 당장 하나님이 주신 재능을 쓰시기 바랍니다. 나중에 하고 싶어도 그때는 기회가 다시 오지 않습니다.

> "게으름이 사람으로 깊이 잠들게 하나니 태만한 사람은 주
> 릴 것이니라"(잠 19:15).

나와 주위에 있는 사람들까지 다 죽게 만드는 게으름과 이제 작별하십시오. 그리고 지금 바로 누구를 전도해야겠다고 전도 작정을 하고, 기도하고, 전도하는 데 뛰어드십시오. 우리는 그저 배에 닻만 달면 됩니다. 목표하는 방향으로 갈 수 있게끔 하나님께서 알맞은 바람을 친히 일으켜 주실 것입니다.

전도의 방해 요소 ④ : 무관심

상대방에게 무관심하다는 말은 한마디로 사랑이 없다는 뜻입니다. 집에서 기르는 강아지도 혼자 집을 지키게 하고 오랫동안 돌보지 않은 채 방치하면 외로움을 타서 건강이 안 좋아집니다. 이러한 무관심은 사람까지 죽게 만듭니다. 대놓고 괴롭히는 왕따나 은근히 따돌리는 은따도 일종의 무관심이라 할 수 있습니다.

만약 직장 동료의 어머님이 돌아가셨다고 하면 어떤 중요한 일이 있어도 그 일을 제쳐두고 무조건 장례식장으로 달려가 동료를 진심으로 위로해 주고 옆에 앉아 같이 시간을 보내 줄 것입니다. 그런데 만약 특별한 이유 없이 장례식에 참석하지 않은 사람이 있다면 누구나 그를 무심한 사람이라며 손가락질을 할 것입니다.

그런데 참 신기한 것은 직장 동료가 교회를 다니고 있지 않는데도 그것에 무관심한 것은 아무렇지 않게 생각합니다. 여기서 동료 어머님의 장례식과 교회에 다니지 않는 동료를 전도하는 것 중 어느 것이 더 중요한지를 가려내려고 하는 것은 아닙니다. 다만, 영혼이 영영 죽음 가운데 있게 내버려 두는 일에 결코 무관심해서는 안 된다는 사실을 말하고 싶은 것입니다.

무관심 중에 최고의 무관심은 자신은 교회에 다니면서 교회에 다니지 않는 가족, 친척, 친구, 이웃을 전도할 생각은 하지 않고 그냥 좋은 관계만 유지하는 것입니다. 전도할 수 있는 여건을 갖추었는데도 하지 않는 것이 이 세상에서 가장 크고 잘못된 무관심입니다. 이 사실을 당장 깨닫고 전도를 실천하는 우리 모두가 되기를 바랍니다.

전도의 방해 요소 ⑤ : 중독

나쁜 습관에 빠지는 것을 우리는 중독이라고 합니다. 좋은 습관을 들이기는 참 힘든데, 나쁜 습관은 물들기가 참 쉽습니다. 중독은 종류도 다양합니다. 인터넷 중독, 텔레비전 중독, 쇼핑 중독, 알코올 중독, 게임 중독에서부터 남 비난하기를 밥 먹듯이 하는 것까지 중독의 종류는 헤아릴 수 없이 많습니다.

중독은 우리가 하나님께 나아가는 시간을 없게 만듭니다. 인터넷 할 시간은 있어도 성경 읽을 시간은 없게 하고, 텔레비전 볼 시간은 있어도 하나님께 기도할 시간은 없게 만듭니다. 게임 할 시간은 있는데, 친구 전도할 시간은 없다고 자연스럽게 말하게 합니다.

이런 중독이나 나쁜 습관이 하나님의 일뿐만 아니라 일상적인 생활마저도 망가뜨리는 경우가 많습니다. 그러므로 중독이나 나쁜 습관에 빠진 분들은 하나님과의 관계 회복이 가장 먼저입니다. 하나님과 만나는 시간을 확보하기 위해 중독과 나쁜 습관을 끊어야 합니다.

인터넷 중독에 빠진 분이라면 인터넷 하는 것을 부모님이 다 볼 수 있도록 컴퓨터를 거실에 내놓으십시오. 시간 날 때마다 텔레비전을 보게 되는 습관이 있다면 텔레비전을 아예 안방으로 옮겨 놓으십시오. 술만 먹으면 실수하는데도 술이 당기는 분은 당분간 술친구들의 전화번호를 수신 거부로 해놓으십시오. 책상 깊숙한 곳에 포르노 비디오가 있다면 지금 당장 망치로 내려치고 숨겨둔 야한 잡지는 시원하게 갈기갈기 찢으십시오.

생각보다 중독이나 나쁜 습관을 물리치는 일은 어렵지 않습니다.

우리 눈에 띄지 않도록 치워 버린다거나 없애 버리면 됩니다. 그리고 부모님이나 온 가족의 눈에 띄는 곳에 두면 유혹을 물리치는 데 도움이 됩니다. 그래도 여전히 죄를 짓게 만든다면 그 환경을 피하면 됩니다.

재능은 정말 무궁무진한데 잘못된 습관들 때문에 빛을 보지 못하는 경우가 너무 많습니다. 지금 이 순간 하나님 앞에 회개하고 자신만의 중독을 끊고 하나님께 나아오십시오. 그리고 하나님이 가장 기뻐하시는 전도에 온 힘을 쏟아 붓기 바랍니다.

17가지 나만의
전도 이야기

첫 번째 전도 이야기 : 족보에 의한 전도

어느 대학이든 시험 기간이 되면 예전 시험지, 즉 족보가 돌게 됩니다. 저희 과도 마찬가지였습니다. 그런데 그렇게 눈에 잘 띄던 족보가 어느덧 자취를 감추었습니다. 왜냐하면 절대평가였던 시험들이 전부 상대평가로 바뀌었기 때문입니다.

절대평가일 때에는 교수님이 정해 두신 점수에 의해 A+ 학점부터 F 학점까지 나뉘어졌지만 상대평가가 되고 나서는 성적순으로 학점이 부여되기 때문에 족보를 구해도 돌리지 않는 것입니다.

물론 족보에서 시험문제가 다 나오는 것은 아니지만 족보를 구하면 교수님의 출제 스타일을 알 수 있기 때문에 아주 중요합니다. 그리고 시험 범위에서 중요한 핵심들을 파악할 수 있고, 교수님 중에는 족보 문제를 그대로 내는 분도 계시기 때문에 다들 족보를 구하기 위해 엄청나게 애를 썼습니다.

　저 또한 족보를 구하기 위해서 상당한 노력을 했습니다. 동아리 선배님들과 과 선배님들에게 맛있는 식사도 대접하고 심부름도 열심히 해서 어렵게 족보를 손에 넣었습니다. 제가 수강하지 않은 과목의 족보들도 가능한 한 다 구했습니다.

　저는 그렇게 구한 족보들로 열심히 공부했습니다. 족보뿐만 아니라 교수님이 수업 시간에 강조하신 내용들도 정리하고 외웠습니다. 하지만 그것으로 끝이 아니었습니다. 어렵게 구한 족보를 친구들과 함께 나누었습니다. 전도하려는 친구가 듣는 과목들을 미리 파악한 뒤 구한 족보를 복사해서 준비했습니다. 그리고 시험 치기 2~3일 전에 도서관에서 열심히 공부하고 있는 친구들을 한 명씩 불렀습니다.

　"잠시만 나와 봐라."

　"왜? 나 할 꺼 억수로 많아서 바쁜데."

　"아이, 참, 암튼 나와 봐봐. 안 나오면 니 후회할 끼다."

　그렇게 해서 한 명씩 도서관 밖으로 데리고 나갔습니다.

　"병호야, 왜 그라는데?"

　"내가 니 친구로서 억수로 좋아하는 거 알제?"

　"징그럽게 뜬금없이 와 이라노?"

"내가 니 줄라고 이렇게 족보를 구해 왔다 아이가. 내 이거 구한다고 진짜 고생 많이 했다. 니 알제. 요새 족보 구하기 하늘의 별따기만큼 힘든 거. 내가 수업 안 듣는 과목도 니가 수업 듣는 거 알고 족보 구해 왔다 아이가. 자, 받아라. 니 줄라고 복사까지 해 왔다. 이거 니 좋아서 니만 보여 주는 거니까 절대 남 보여 주지 마래이. 알긋제?"

"우아, 병호야, 완전 감동이다. 우째 이렇게 고맙노. 정말 고맙다. 넌 역시 진짜 좋은 친구다. 내가 시험 끝나고 나믄 꼭 밥 살게."

"히히, 뭐 이런 거 가지고. 그래, 고마워서 밥 산다고 했제? 근데 밥은 됐고, 정 고마우면 내 따라 시험 끝나고 나면 교회 한번 가자. 나는 니가 나한테 밥 사는 것보다 교회 같이 가 주는 게 제일로 큰 기쁨이다. 교회 함 가보자."

제가 이렇게 이야기하면 두 가지 반응으로 갈립니다. 첫 번째 반응은 이렇습니다.

"어, 교회. 그래 알긋다. 니가 나를 위해서 이렇게까지 해주는데 교회 한 번 못 가겠나? 가자. 시험 끝나고 내 꼭 한 번 갈게."

"니 진짜제. 알겠다. 고맙데이. 근데 한 번 와 가지고는 좋은지 안 좋은지 잘 모른다. 무슨 특별한 일 있을 때 말고는 6개월 정도 꾸준히 오는 게 좋다. 이왕 한번 다녀 볼 꺼 제대로 알아야 될 꺼 아이가?"

"어? 6개월은 너무 긴데."

"괜찮다. 6개월이라 봤자 스물여섯 번밖에 안 된다 아이가. 스물여섯 번, 진짜 얼마 안 된다카이."

"그래, 일단 알긋다. 아, 나도 병호 너한테 걸린 거 맞제?"

"고맙다. 친구야, 사랑한다. 오다 보면 니가 좋아서 내가 오지 말라케도 오게 돼 있다. 진짜 내가 장담한다카이."

두 번째 반응은 이렇습니다.

"아, 교회 가는 거는 그래도 좀…. 다른 걸로 해주면 안 되겠나? 니도 알다시피 우리 집안이 불교라서 좀 그렇다. 그냥 내가 맛있는 밥 사 줄게, 응?"

"그래? 그러면, 이 족보 딴 친구 줘야겠다."

저는 은근히 으름장을 놓으며 족보를 들고 일어서는 척합니다. 그러면 친구가 당황해 하며 황급히 제 팔을 붙잡습니다.

"아! 병호야, 와 그라노. 나도 가고 싶은데 집안이 불교다카이. 교회는 좀 나랑 안 맞는 것 같기도 해서 그렇다 아이가. 한 번만 봐주라, 응?"

"친구야, 내가 얼마나 니를 좋아하면 이렇게 해서라도 교회 한번 같이 가보고 싶어 하겠노? 니 내 마음 이 정도로 진심인 거 알겠제? 내 니 친구로서 정말 좋아하는 것도 알제?"

"그래 안다. 그거는 알지."

"그니까 말야. 교회 다니는 사람은 제일 소중한 사람한테 교회 가자고 한다 아이가. 달리 말하면 교회 가자고 하는 게 애정 표현인기다. 알긋제? 그래서 내가 니한테 이칸다 아이가?"

"그래, 알지. 니가 내 좋아해서 늘 챙겨 주고 그런 거 안다. 그래서 평소에도 늘 고맙게 생각하고 있었다. 진짜다."

"그래, 알긋다. 나도 니 맘 다 아는데 정말 교회 한번 간다고 니 몸에 이상이 오거나 안 좋은 일 안 생긴다. 걱정하지 마라. 그리고 억지로 예수님 믿으라고 절대 강요하지 않으니까 염려 붙들어 매고. 헌금도 니가 내고 싶을 때 내면 된다. 헌금 때문에 부담 안 가져도 된다."

"그런 거는 알겠는데…."

"아! 진짜 괜찮대두. 내가 얼마나 니 좋아하면 이렇게 해서라도 니한테 교회 가자고 하겠노. 정말 애절하고 간절한 내 맘을 니는 왜 못 알아 주노?"

"알기는 알겠다. 충분히."

"그라면 됐다. 사실 니가 교회 안 나온다 해도 이 족보 준다. 니 아니면 내가 누구 주겠노? 족보 줄 테니까 이거 가지고 공부 열심히 하고 시험 치고 교회 몇 번 나와 봐라. 편안한 마음으로, 알긋제?"

"그래. 알긋다. 시험 끝나고 한 번 가볼게."

"고맙다. 친구야. 내가 니 진짜 친구로서 사랑하는 거 알제?"

대화는 이렇게 마무리됩니다. 족보를 통한 전도 방법은 100% 성공이었습니다.

두 번째 전도 이야기 : 무조건 베풀기

저는 주로 커피, 음료수, 밥 등으로 베풀었습니다. 전도하기 위해 따로 떼어놓은 소득의 십분의 일을 가지고 베푸는 것이었습니다.

맨 먼저 "오늘 저에게 영혼을 붙여 달라"고 기도하고, A단계에 속한 친구들 중에서 한두 명의 얼굴을 떠올립니다. 그리고 그날 약속을 잡고 함께 밥을 먹습니다. 밥 사 준다고 하는데 싫다고 할 친구들이 누가 있겠습니까?

밥을 먹으면서 자연스럽게 서로의 관심사에 대해 이야기합니다. 그리고 가장 좋은 타이밍에 교회에 한번 가보자는 말을 꺼냅니다. 여기서 정말 주의해야 할 것은 절대로 친구가 저의 말을 '나한테 밥 얻어 먹었으니 너 꼭 교회 따라와야 해'라고 오해하지 않도록 해야 한다는 것입니다. 그런 오해를 하게 되면, 더 이상 그 친구는 저의 호의를 편하게 받지 않게 됩니다.

말과 행동을 잘 해서 그 친구가 '정말로 병호가 나에게 밥을 사면서까지 교회라는 곳을 소개해 주고 있구나. 병호 말대로 교회가 그렇게 좋은가?'라는 생각이 들도록 이끌어야 합니다.

세 번째 전도 이야기 : 축구 전도

보통의 남자들은 술을 하거나 운동을 하면서 서로 친해집니다. 그런데 저는 크리스천으로서 술을 하지는 않으니 당연히 운동을 하면서 사람들과 관계를 돈독히 합니다. 특히 축구를 좋아하고 사랑하니, 축구를 통해 관계를 넓히고, 전도도 하게 됩니다.

한번은 이런 일이 있었습니다. 어느 날 대학교 친구들과 축구를 하는데 사람 수가 적어서 작은 골대 2개를 세워 놓고 미니 축구를 했습니다. 그런데 저쪽에서 고등학생들이 축구를 하고 있는 것이 보였습니다. 사람 수가 얼추 맞는 것 같아서 학생들에게 다가가 함께 축구를 하면 어떻겠냐고 말을 건넸습니다. 그러자 아이들도 흔쾌히 좋다고 했습니다. 처음에는 대학생과 고등학생을 골고루 배치해 팀을 다시 짜자고 제안했습니다. 그랬더니 이 아이들 말이 "아닙니다. 괜찮습니다. 그냥 저희들끼리 한 팀을 할 테니 형님들끼리 한 팀 하세요"라는 것입니다. 그래서 우리는 "우리가 형이니까 살살 해줄게"라고 웃으며 말했습니다.

경기가 시작되었고, 예상을 뒤엎고 고등학생 팀이 계속 점수를 내는 상황이 되어가고 있었습니다. 결국 0대 5로 처참하게 깨진 우리 팀은 어안이 벙벙해졌습니다. 처음에 고등학생들을 얕잡아 보았던 저는 한없이 부끄러워서 어찌할 바를 몰랐습니다.

"얘들아, 아무래도 너희들 보통내기가 아닌 것 같다. 형들도 실력이 보통이 아닌데, 너희는 정말 대단하다. 너희들 축구 어디서 배웠니?"

그랬더니 아이들이 "저희들 고등학교 축구부예요"라고 말하는 것입니다. 저는 경기 결과에 깨끗이 승복하고 음료수를 사주며 이런저런 이야기를 나누었습니다. 그리고 헤어질 때쯤 일주일 뒤 다시 만나서 축구 시합 한 번 더 하자고 했습니다.

정말로 일주일 뒤 그 아이들과 축구 시합을 가졌습니다. 제대로 된 11명의 주전 멤버들로 채워졌습니다. 치열한 경기가 예상될 정도로 긴장이 되었습니다. 저는 경기 시작 전에 우리 팀을 모아놓고 이야기했습니다. 우리 팀은 모두 교회에 다니는 친구들로 구성되어 있었습니다.

"얘들아, 이번 축구 시합은 왜 하는지 알제? 저 고등학생들 다 전도하려고 하는 거니깐 우리 재미있게 하자. 우리는 형들이고 쟤네들은 축구 선수니까 다치지 않도록 몸싸움은 되도록 하지 말고 웃으면서 페어플레이 하자. 하지만 봐 주면서 하자는 얘기는 아니니까 제대로 해야 된다카이. 그리고 마지막으로 저 아이들 다 교회 올 수 있게 우리에게 붙여 달라고 하나님께 기도하고 시작하자."

기도가 끝난 뒤 팽팽한 시합이 벌어졌고, 결과는 2대 2 무승부였습니다. 어느 팀 할 것 없이 박수를 치며 칭찬과 격려를 아끼지 않았습니다. 우리는 멋진 경기를 펼치고 나서 가뿐한 마음으로 학생들을 데리고 식당으로 갔습니다. 함께 국밥을 맛있게 먹으며 즐거운 시간을 가졌습니다.

"오늘 경기 진짜 재미있었다. 너희들 진짜 맘에 든다. 우리 자주 공 차자."

이렇게 그 아이들과 친해졌고, 아이들은 우리를 좋아하고 잘 따랐습니다. 그리고 감사하게도 그 아이들 가운데 7명이 교회에 나왔습니다. 어떤 아이들은 친구까지 데리고 왔습니다. 3년이 지난 뒤에 그 아이들 중 한 명이 군대에 가게 되었는데, 이번에 대학생이 된 자기 여동생을 교회에 데리고 나온 것이었습니다. 자신이 군대를 가는 시점에서 여동생을 교회로 인도하는 마음이 참 예쁘고 고마웠습니다.

이렇게 저는 축구도 하면서 전도도 할 수 있게 해주신 하나님께 얼마나 감사한지 모릅니다.

네 번째 전도 이야기 : 묵묵히 들어줌의 전도

하루는 금요일에 교회 리더 모임을 하고 있는데, 대학교 선배한테서 전화가 왔습니다. 이야기를 들어 보니, 선배의 아버지가 사기를 당해 막대한 손해를 보고, 가족은 뿔뿔이 흩어지고, 부모님 사이도 좋지 않아 매우 힘들어했습니다. 전화상으로 길게 할 수 있는 이야기가 아닌 것 같아서 저는 선배를 교회 모임 장소로 오게 했습니다. 선배와 2시간 이상 대화를 나누는 동안 저는 거의 아무 말 없이 선배의 이야기를 조용히 들었습니다. 그때 제가 할 수 있는 일이라고는 선배의 눈을 쳐다보며 진지한 모습으로 집중하여 이야기를 들어주는 것이 전부였습니다. 저는 선배의 이야기를 들으면서 마음속으로 이렇게 기도했습니다.

'하나님, 얼마나 힘들었으면 후배인 저에게 이렇게 마음속에 있는 모든 말을 다 할까요. 이번 일을 통해서 선배와 선배의 가족이 예수님을 믿고 억울한 이 일도 잘 해결될 수 있었으면 좋겠습니다. 예수님의 이름으로 기도드립니다. 아멘.'

선배가 긴 이야기를 마치자 저는 선배에게 조심스럽게 말했습니다.

"선배, 많이 힘들죠? 제가 지금 선배의 그 아픈 마음을 다 알 수는 없겠지만, 제가 믿는 하나님께 선배를 위해 기도드릴게요. 제가 이런 말씀 드려도 될지 모르겠는데요, 저희 교회 정필도 목사님께서 모든 인생 문제의 답은 교회에 있고 예수님께 있다고 하셨어요. 저희 교회에 어머님하고 같이 한번 나오시지 않을래요? 괜찮으시다면, 저희 교회 교인 중에 변호사님이 계신데, 어려운 문제를 의논할 수 있게 소개도 해드릴게요. 어떠세요?"

그러고는 제가 잘 듣는 조용기 목사님의 설교 테이프를 선물로 드렸습니다.

"선배, 제가 이 목사님의 설교를 자주 듣는데요, 목사님 설교 중에 사업에 실패하셨다가 재기한 사례를 들었던 기억이 납니다. 오늘 집에 가서 어머님과 같이 들어보세요. 힘이 될 거예요."

마지막으로 저는 선배의 손을 잡고 선배의 부모님과 가정을 위해 간절한 마음으로 기도드렸습니다.

"하나님, 선배의 가정을 축복해 주세요. 지금 어려운 일을 당해서 선배의 아버님과 어머님과 형님이 많이 힘들어 하십니다. 이 일 때문에 부모님 사이가 멀어지지 않게 하시고 오히려 이 일을 해결해 나가는 데 연합하고 힘쓰면서 더 돈독해질 수 있도록 도와주세요. 무엇보다 건강 잃지 않게 하시고 법적으로 잘 대응해서 원만하게 이 일이 해결될 수 있게 해주세요. 그래서 선배의 가정이 아름답고 행복해질 수 있도록 인도해 주세요. 하나님께서는 이 슬픈 일을 기쁜 일로 변화시킬 수 있는 분이십니다. 이번 일이 불행의 시작이 아니라 복의 시작, 행복의 시작이 될 수 있도록 해주세요. 하나님은 미쁘시기에 우리에게 감당치 못할 시험당함을 허락지 아니한다 하셨고 시험당할 즈음에 또한 능히 피할 길을 내신다고 하셨습니다. 반드시 이 일을 잘 해결하고 일어서는 선배의 가정이 되길 축복하며 기도합니다. 이 모든 말씀 가장 좋은 길로 우리를 인도하시는 예수님의 이름으로 기도드립니다. 아멘."

이후 선배는 정말로 어머님을 모시고 교회를 찾아왔습니다. 저는 최선을 다해 두 분을 모셨고, 목사님께도 인사시켜 드리고, 함께 예배도 드렸습니다. 그리고 선배의 어머님을 위해서 마음 터놓고 이야기 나눌 연배가 비슷한 권사님도 소개해 드렸습니다. 그날 이후로 선배의 어머님은 처음으로 신앙생활을 시작하시게 되었고, 마음의 치유도 받으셨습니다.

사실 선배 어머님은 20년 넘게 불교를 믿은 분이어서 교회 가는 발걸음이 괜히 무겁고 개운치 않아 하셨습니다. 하지만 교회에 들어서는 순간 말할 수 없는 평안과 안식을 느꼈고 예배당에 들어서는 순간 눈물을 흘리셨습니다. 그 뒤로 선배와 어머님은 신실한 크리스천이 되어 오히려 저를 위해 기도해 주고 계십니다. 게다가 어머님은 성령 충만한 집사님이 되고, 저와 함께 나란히 전도상도 받으실 정도로 전도에도 열정을 보이십니다. 저희 교회는 3개월마다 전도상 시상을 하는데 전도한 사람이 9명 이상이 되면 상을 줍니다. 바로 아홉 영혼 시상식인데, 그 상을 저와 같이 받으셨습니다.

선배의 어머님이 학습세례를 받고 1년이 지나서 세례를 받으시던 날을 아직도 잊을 수가 없습니다. 그날 어린아이처럼 기뻐하시던 어머님은 세례를 받는 내내 눈물을 흘리셨습니다.

어머님은 불교신자 때 하고 다니던 금목걸이를 녹여서 십자가 목걸이를 만들어 하고 다니십니다. 그 십자가 목걸이는 어머님이 진정으로 하나님의 자녀가 되었음을 말해 주는 증표와도 같다는 생각을 하게 됩니다. 하늘에 계신 하나님께서 선배의 어머님을 보시며 얼마나 기뻐하실지 짐작이 갑니다.

다섯 번째 전도 이야기 : '참 잘했어요' 도장 찍기 전도

큰누나가 아이를 낳았습니다. 조카가 태어난 것입니다. 제가 삼촌이 되었다는 사실이 믿어지지 않았습니다. 조카가 태어나자 어머니가 누나를 저희 집 아래층으로 불렀습니다. 산후 조리도 하고 어머니가 조카도 봐 주실겸 함께 살게 된 것입니다. 저희 집은 단독 주택인데 2층에는 부모님과 제가 살고, 1층에는 큰누나가 들어오게 되었습니다.

처음에는 큰누나가 아래층으로 이사 온다고 하니 너무 좋았습니다. 갓 태어난 조카도 매일 볼 수 있고 큰 매형이랑 테니스도 칠 수 있으니 신이 났습니다. 그런데 시간이 흐르자 불편한 일들이 점점 생기기 시작했습니다. 어머니가 온통 조카 보는 일에만 신경이 가 있어서 밥도 제가 차려 먹고, 빨래도 제가 알아서 해야 했습니다. 집안의 모든 일이 큰누나와 조카를 중심으로 돌아가게 됐습니다. 심지어 저는 큰누나의 심부름꾼이 되어 갔습니다.

큰누나는 산후 조리하느라 꼼짝을 못하니 사소한 일들부터 저를 종처럼 부려 먹기 시작했습니다. '이것 가지고 와라, 저것 가지고 와라, 팔 주물러라, 다리 주물러라, 옥상에 빨래 널어 놓은 것 좀 걷어 와라' 등등 시시콜콜한 집안일을 다 시키니 저는 죽을 맛이었습니다. 남동생이 되어서 예쁜 조카를 낳은 누나의 심부름을 기쁜 마음으로 해야 하는데, 점점 그런 일이 잦아지니 짜증이 나고, 누나를 피해 다닐 정도가 되었습니다.

'내가 이러면 안 되는데. 누나가 시키는 일을 기분 좋게 할 방법은 없을까?'

저는 점점 변하는 제 모습에 깜짝 놀라 반성을 하며 기도를 드렸습니다. 그러자 하나님께서 아주 좋은 아이디어를 주셨습니다. 누나가 심부름을 한 가지씩 시킬 때마다 '참 잘했어요' 도장을 받는 것이었습니다. 좀 유치한 방법 같긴 하지만, 그 도장을 받으며 심부름을 하고 도장을 5개 모으면 교회에 같이 나가자는 조건을 내걸기로 했습니다.

저는 누나가 심부름을 시킬 때 기회는 바로 이때다 싶어 얼른 말을 꺼냈습니다.

"누나야, 내가 심부름 할 때마다 '참 잘했어요' 도장 하나씩 찍어 주라. 그리고 그거 다섯 개 모이면 내 소원 하나 들어줘."

"너, 교회 가자는 부탁하려고 그러지."

눈치가 백 단인 큰누나가 말합니다.

"왜, 싫은가? 싫음 말고. 나야 뭐 손해 볼 것 없으니까."

저는 배짱을 튕겼습니다. 하지만 속으로는 누나가 어떻게 나올지 걱정이 되었습니다. 어떻게 해서든 교회에 같이 가고 싶은데, 작전이 실패로 돌아가면 어쩌나 전전긍긍했습니다. 그런데 누나가 의외로 "그래 알겠다" 하고 말하는 것이었습니다. 저는 기뻐서 펄쩍펄쩍 뛰었습니다.

"오, 하나님, 감사합니다. 할렐루야!"

대신 누나가 하나 덧붙인 조건은 심부름을 하고 도장을 찍어 줄 때는 누나가 완전히 만족할 때만이라는 것이었습니다. 저는 그건 걱정 말라고 큰소리를 치고, 정말 누나가 시키는 일을 성심성의껏 했습니다. 약속대로 누나는 만족스럽다며 도장을 쾅쾅 찍어 주었습니다. 드디어 보름 만에 도장 5개를 채우고, 누나와 함께 교회에 나가게 되었습니다. 심지어 매형까지 데리고 가겠다는 누나의 말에 저는 정말 하늘을 날듯 기뻤습니다.

그렇게 해서 큰누나와 큰 매형은 난생 처음 교회에 나오게 되었습니다. 그리고 계속해서 도장 5개가 모일 때마다 한 번씩 교회에 나왔습니다. 저는 거기에 재미를 붙여 아주 큰누나 옆에 붙어서 심부름시킬 거 없냐며 먼저 묻곤 했습니다. 그러다가 결정적으로 매주 교회에 나오게 된 사건이 생겼습니다. 누나와 매형이 수영로교회에서 하는 프로그램에 참여하게 된 것입니다.

수영로교회에는 아주 좋고 다양한 프로그램이 많습니다. 그중에서 남녀의 만남을 주제로 한 것들이 있는데, 좋은 만남을 위해 준비해야 할 것들을 가르쳐 주는 데이트학교, 결혼을 앞둔 예비 신랑, 신부가 참여하는 결혼예비학교, 결혼 10년차 미만 부부들을 대상으로 열리는 젊은 부부학교, 결혼 10년차 이상 부부들을 대상으로 열리는 가정 행복학교가 있습니다.

이 중에서 누나와 매형이 참여한 프로그램은 젊은 부부학교였습니다. 누나가 부부 세미나에 참석해 보고 싶어 해서, 마침 교회에 그런 프로그램이 있으니 한번 가 보라고 한 것입니다. 젊은 부부학교에서 훌륭한 강사님의 알찬 강의도 듣고 좋은 부부들과 서로 교제도 하게 되자 누나와 매형은 매우 만족해 했습니다. 게다가 누나와 매형이 수업을 듣는 동안 조카를 봐 주는 분들이 계셔서 마음 편하게 프로그램을 마칠 수 있었습니다.

그 사이 큰 매형 마음에 교회 한번 제대로 다녀 보자는 생각이 싹텄고, 이왕 나온 거 세례까지 받아 보자는 결심까지 하게 된 것입니다. 젊은 부부들이 예배를 드리는 '아길라'라는 예배가 있는데 거기도 참여하게 되었고, 누나는 사랑방에 참여하면서 자연스럽게 예수님을 믿게 되었습니다.

큰 조카 우혁이가 다섯 살쯤 되었을 때 누나는 근처 아파트로 이사를 했습니다. 그래도 일주일에 두세 번씩 어머니가 조카를 봐 주시기 때문에 자주 집에 들릅니다. 저 또한 가끔씩 누나 집에 갈 때가 있는데 그때마다 현관문을 보며 씨익 웃습니다. 누나 집 현관문에 '대한예수교장로회 수영로교회'라는 교회 패가 붙어 있기 때문입니다.

"오, 하나님, 정말로 정말로 감사합니다!"

여섯 번째 전도 이야기 : 어머니 전도

이번에는 저희 어머니를 전도한 이야기입니다. 어머니는 제가 교회에 다닌다고 정말 힘들어 하고 걱정을 많이 하셨습니다. 제 성경책과 신앙서적을 수십 권씩 여러 차례 버린 분입니다. 아버지가 결국 제가 교회 나가는 것을 허락하셨기 때문에 반대는 못하셨지만, 절대로 자신에게 교회 가자는 소리는 하지 말라고 완강하게 말씀하던 분이었습니다.

이런 어머니가 교회를 나가게 된 것은 큰누나 때문이었습니다. 제가 큰누나를 교회에 데려가기 위해 '참 잘했어요' 도장을 모으고 있을 때였습니다. 큰누나가 도장 하나를 찍어 주면서 갖은 심부름을 다 시키자 너무 편했던 모양입니다. 그 편안함을 혼자 누리는 것이 아까워서 큰누나가 어머니한테 이야기한 것입니다.

"엄마도 병호한테 심부름을 시키고 도장 찍어 주는 거 해 봐요. 정말 편하다니까."

이런 식으로 큰누나가 몇 번 말하고 저도 옆에서 한 번씩 심부름 시키고 도장 찍어 달라고 하니까 드디어 어머니가 저에게 심부름을 시키기로 마음먹으셨습니다. 제가 교회 나온 지 꼭 6년째가 되는 해였습니다. 저는 어머니가 시키는 심부름을 정말 정성껏 했습니다. 어머니의 심부름은 큰누나의 것에 비하면 식은 죽 먹기였습니다. 암만 생각해도 아들 부려 먹는 게 마음 편하지는 않으셨는지, 어렵고 힘든 일은 별로 시키지 않았습니다.

그렇게 마음 문을 안 여시던 어머니가 '참 잘했어요' 도장 5개에 넘어가서 교회에 발을 들이시게 되었습니다. 교회에 처음 다녀오신 날, 저는 교회 나온 소감이 어떠시냐고 물었습니다. 그러자 어머니는 교회도 좋고, 목사님 말씀도 좋고, 무엇보다 성가대 찬양이 너무 아름답고 듣기 좋다고 하셨습니다. 이렇게 어머니도 도장 5개가 모이면 교회에 한 번씩 나오시다가 매주 교회에 나오시게 된 계기가 있었습니다.

제가 대학을 졸업하고 고등학교 교사가 되었습니다. 대학에 다닐 때까지만 하더라도 아르바이트로 과외나 학원 강사를 하면서 돈을 벌었습니다. 아르바이트를 해서 번 돈 중에서 십분의 일을 아버지와 어머니의 용돈으로 드렸습니다.

그런데 제가 대학을 졸업하고 직장인으로서 번 돈은 다르게 관리했습니다. 어머니께 제가 교사가 되어 일할 수 있는 것은 하나님이 능력 주시고 모든 환경을 열어 주셔서 가능한 것이라고 하면서, 마땅히 십일조를 드려야 한다고 강조한 것입니다. 대신 나머지 십 분의 구를 어머니께 드리겠다고 했습니다. 그 십 분의 구 가운데 제가 필요한 만큼 용돈을 타 쓰고 나머지는 어머니가 알아서 하시라고 했습니다. 이렇게 말씀드렸더니 어머니가 큰 감동을 받으신 듯 했습니다. 제 말을 듣고 제일 처음 한 말씀이 이랬습니다.

"병호야, 니가 말하는 하나님이 진짜 계시기는 계신갑다. 그런데 그렇게까지 안 해도 된다. 내 이제부터 매주 교회 나갈게."

그 순간 제 귀를 의심했습니다. 어머니가 스스로 교회 나가겠다고 말씀을 하시다니. 10년이 넘게 교회와 예수님께 마음의 문을 닫고 계셨던 어머니는 이렇게 해서 매주 교회에 나가게 되신 것입니다. 아버지도 매주는 아니지만 가끔 한 번씩 교회에 나오십니다. 제가 교회를 다닌다고 그렇게 싫어하던 아버지가 어머니와 저, 큰누나와 매형, 그리고 조카들이 교회에 가려고 나서면 잘 다녀오라고 인사까지 하십니다.

더 놀라운 변화는 교회 가는 날 제가 조금이라도 준비가 늦으면 어머니가 저를 나무라신다는 것입니다.

"병호야, 빨리 안 나오고 뭐하노. 니 때문에 예배 지각하겠다. 미리 미리 갖고 갈 물건들은 챙겨 놓아야지."

어머니의 꾸지람을 듣고는 저와 큰누나와 매형이 다 같이 웃습니다. 그러면 어머니도 따라서 미소를 지으십니다. 이렇게 주일 예배를 드리러 가는 길은 웃음으로 시작되어 웃음으로 끝납니다. 그러니 매 순간 감사의 기도를 드리지 않을 수 없습니다.

일곱 번째 전도 이야기 : 슬픔 나누기 전도

저희 친가 쪽으로는 교회 다니는 분이 한 분도 안 계셨습니다. 외가 쪽으로 세 분 정도 계셨는데, 그중에 한 분이 저희 외할머니셨습니다. 외할머니는 처녀 때부터 교회에 나가셨다고 합니다. 외할머니가 교회 나가시고 예수님을 믿으셨다면 저희 어머니를 비롯해서 두 외삼촌도 교회 나가시는 것이 당연해 보이는데, 초등학교와 중학교 때 잠깐 나간 것 말고는 교회에 안 다니셨다고 합니다.

그래도 예수님을 믿는 외할머니의 영향으로 어른이 되어도 교회에 한두 번씩 나가고 집에 예수님 사진도 걸어 놓은 분은 작은 외삼촌이었습니다. 제가 작은 외삼촌을 뵐 때마다 교회에 가자고 하면 교회에 가끔씩 나간다고, 삼촌은 예수님 믿고 있다고 말씀하셨습니다. 성격도 쾌활하고 저의 장난도 잘 받아주고 호탕하신 작은 외삼촌이 저는 제일 좋았습니다.

그런데 제가 대학생 때 작은 외삼촌이 갑자기 심장마비로 돌아가시고 말았습니다. 너무나도 급작스러운 일이었기에 그 충격은 실로 컸습니다. 어머니와 저는 급히 외숙모님께 갔습니다. 장례식장에서 만난 외숙모님은 거의 실신 상태였습니다. 문상객들을 맞아야 한다는 생각에 겨우 정신을 가다듬고 힘겹게 버티시는 모습이 역력했습니다. 그 자리에서 외숙모님은 저에게 나지막한 목소리로 말씀하셨습니다.

"병호야, 매주는 아니지만 너희 외삼촌이 교회도 나가고 예수님도 믿었는데, 이번 장례식은 기독교식으로 하고 싶구나. 병호 네가 기독교식으로 할 수 있도록 도와다오."

저는 당장 교회에 연락했고, 교회 경조부에서 외삼촌의 모든 장례식을 집도하며 도와주었습니다. 기독교식으로 장례를 했기 때문에 향이 아닌 하얀 국화꽃이 놓였습니다. 교구 목사님들과 전도사님, 권사님들과 집사님들이 얼굴도 모르는 우리 외삼촌을 위해 삼일장을 치르는 동안 함께 찬양하며 엄숙한 예배를 드렸습니다. 교회는 비록 안 다니시지만 장례식에 오신 많은 외가 친척 분들도 예배드릴 때는 모두 모여앉아 다 함께 참여했습니다. 발인하는 날 외삼촌이 잠들어 계신 관을 운구하는 모든 절차도 교회 경조부에서 도와주었습니다. 수십 명의 백합 찬양단이 운구하는 뒤를 따라가며 찬양을 드렸습니다. 부산 영락공원에 모셨는데, 장지까지 오셔서 찬양을 부르며 끝까지 함께해 주셨습니다.

이렇게 외삼촌의 장례식이 끝나고, 외숙모님은 감사의 뜻으로 교회 경조부 분들이 식사를 하실 수 있도록 흰 봉투에 돈을 넣어서 제게 주셨습니다. 저는 그것을 받아서 경조부 대표 분께 드렸는데 끝까지 사양하셨습니다. 저는 감사의 뜻으로 받으시라고 계속 말씀드렸지만, 끝내 그분은 받지 않으셨습니다. 그저 이렇게 섬기고 봉사할 수 있음에 하나님께 감사드린다고 하셨습니다. 저는 할 수 없이 그분들의 마음을 전하며 그 돈을 외숙모님께 돌려드릴 수밖에 없었습니다.

외삼촌이 돌아가시고 얼마 뒤 외숙모님께 연락이 왔습니다. 장례식 때 와서 도와주신 분들께 감사드리고 외숙모님과 외사촌 누나, 동생 모두 교회에 나가겠다고 말씀하셨습니다. 교회에 대해서 잘 모르니 저보고 잘 도와달라는 당부도 하셨습니다. 그렇게 해서 저희 외삼촌 가족이 교회에 나와 예수님을 믿게 되었습니다.

외삼촌 가족의 슬픔을 함께 나누고, 힘든 때에 아무 대가 없이 함께해 주고, 위로해 주신 분들이 계셨기에 외삼촌 가족이 하나님께 돌아올 수 있었다고 믿습니다.

여덟 번째 전도 이야기 : 담배 전도

평소에 친하게 지내서 한 번씩 교회 가자고 이야기하던 중학교 선배 형이 있었습니다. 그 형은 제가 교회 가자는 말만 하면, 교회는 가고 싶은데 공부해야 할 것들도 많고 써야 할 리포트도 많아서 다음번에 가겠다고 입버릇처럼 말했습니다.

그러던 어느 날 제가 "교회 한번 가요"라고 말하자 "병호야, 나는 교회에 가고는 싶은데 진짜 못 가겠다. 나는 술 담배 다 하는 사람인데, 이런 사람이 교회 가면 교인들이 오염돼서 안 된다"라고 하는 것입니다. 저는 그 순간 하나님께 짧은 기도를 드렸습니다.

'하나님, 도와주세요. 제가 어떻게 말해야 할까요?'

그러자 문득 이런 지혜가 떠올랐습니다.

'그래, 교회 오는 문턱을 낮추는 거야.'

그래서 저는 이렇게 대답했습니다.

"아니에요, 형. 술 담배 하는 사람이 교회 가면 안 된다고 누가 그래요? 괜찮아요. 다 해도 돼요."

"어, 진짜가. 나는 교회 다니는 사람은 그런 거 하면 안 된다고 들었는데."

"교회에서는 단지 술, 담배가 몸에 안 좋으니까 하지 말라고 권하는 거예요. 술, 담배 하는 사람은 교회 오지 말라는 건 아니에요."

"처음 듣는 말인데, 암튼 맘은 좀 편해지네."

"사실 교회 다니는 사람들은 대부분 술 담배 안 하긴 해요. 형은 그런 거 신경 쓰지 말고 술 먹고 싶으면 먹고, 담배 피우고 싶으면 피우면서 교회 오세요. 뭐라고 비방하는 사람 없어요. 단지 교회에서 담배 피우면 냄새가 나니까 교회에 있는 시간 정도만 참아 주시면 돼요. 만약 정말 담배 피우고 싶으면 저랑 교회 근처에서 담배 피우고 들어가요. 냄새가 날 테니 제가 페브리즈 뿌려 드릴게요. 그러면 괜찮을 거예요. 참 쉽죠잉?"

"진짜 그래도 되나. 내가 오랫동안 담배 안 피우면 불안해지는 게 좀 있거든."

"그러니까 염려 마시라니까요. 그리고 제가 이번에 담배 한 갑 사드릴게요. 대신 평소보다 조금씩 피우세요. 이렇게 조금씩 줄이다 보면 저절로 담배를 끊게 될지도 몰라요. 담배 줄이면 제가 맛있는 밥 대접할게요. 어때요? 좋은 제안이죠?"

"와, 진짜? 그런데 병호야, 니 와 그리 내한테 잘해 주노. 이렇게까지 해 주는데, 내 이번 주에 꼭 교회 갈게."

"네, 고마워요, 형. 그럼 주일날 봐요."

이렇게 해서 형은 교회에 나오게 되었고, 예수님을 믿게 되었습니다. 물론 교회 다니면서 스스로 담배를 끊어야겠다는 생각이 들어서 담배도 끊고 술도 안 마시게 되었습니다. 그리고 취직 시험을 준비하다가 면접 보기 전날 밤에 너무 긴장이 된다며 저에게 전화를 했습니다. 형이 기도 부탁을 하기에 밤 12시부터 새벽 1시까지 전화로 기도를 해드렸고, 형에게 담대함과 평안함을 줄 수 있는 좋은 성경말씀들을 읽어 주기도 했습니다. 그러면서 형은 점차 안정을 찾아갔습니다. 이후 형은 취직 시험을 잘 치렀고, 어느 날 기쁜 소식을 전해 주었습니다.

"병호야, 나 최종 합격했어! 고맙다! 다 네 덕이다! 아니, 하나님 덕이다. 하하하."

우리 주변에 보면 교회는 오고 싶은데 어떤 도덕적 기준이나 윤리 의식 때문에 교회 오기를 망설이는 분들이 상당히 있습니다. 그런 분들에게 교회 문턱의 높이를 조금 낮춰야 한다고 생각합니다. 그래서 저는 실제로 담배를 사 주면서 점차 줄여 나가 보라고 권하면서 전도를 합니다. 제 친구들은 자신이 평소에 피우는 담배를 사 주는 크리스천 친구인 저에게 매우 고마워합니다. 그리고 교회를 하루 이틀 나오더니 완전히 예수님을 받아들이고 새 사람이 되었습니다. 물론 담배도 스스로 끊었습니다. 주변을 돌아보십시오. 술과 담배 때문에 교회 오기를 포기하는 분들은 없는지 살펴보십시오. 그분들의 마음을 헤아리고 교회 문턱을 낮춰서 인도해 보십시오. 언젠가 그분들이 하나님의 귀한 자녀로 거듭나는 은혜를 맛보게 될 것입니다.

아홉 번째 전도 이야기 : 불교신자 전도

제가 존경하는 교수님이 교육감 선거에 나오셔서 선거 사무실에서 일을 도와드린 적이 있었습니다. 크리스천 교수님이었고 선거 사무실에서 일하는 거의 모든 분이 크리스천이었습니다.

그런데 홍보팀에 있는 한 자매가 불교신자라는 사실을 알게 되었습니다. 저와 이야기할 때 보니 한쪽 팔에 염주를 차고 있었습니다. 새벽부터 밤늦게까지 열심히 일하면서 식사 시간마다 함께 밥을 먹으며 이야기할 기회가 생겼습니다. 이런저런 대화를 하다 보니 서서히 친해지게 되었습니다. 저는 기회를 엿보다가 자연스럽게 교회 한번 가보지 않겠냐고 말을 건넸습니다. 그랬더니 단박에 "싫어요. 저보고 교회 오라는 말 하지 마세요. 오빠 아니더라도 여기 계신 모든 분들이 저보고 교회 오라고 여러 번 말씀하셨는데, 절대 안 넘어갔거든요. 그러니까 오빠도 일찌감치 포기하세요" 하며 엄포를 놓듯이 말하는 것이었습니다.

자매의 이야기를 듣고 나니 이상하게 오기가 발동했습니다. 게다가 자매의 반응을 예상하고 있었기에 쉽게 포기할 수 없었습니다.

"알겠다. 나는 교회가 좋아서 한번 와 보라고 말하는 것뿐이니까 담에 내가 또 교회 가자고 하더라도 크게 신경쓰지 마래이."

그로부터 일주일 동안 그 자매는 교회 한번 가보자는 제 말에 딱딱한 말투와 무표정으로 "싫어요. 안 갈 거예요"라는 말만 되풀이했습니다. 하지만 역시 열 번 찍어 안 넘어가는 나무 없다고, "교회 가면 삶이 즐거워지고 너무 좋다"는 제 말에 자매의 눈빛이 조금씩 흔들리는 것 같았습니다. 그리고 들릴 듯 말듯 이렇게 말하는 것이었습니다.

"드럼 가르쳐 주면 한번 가볼까, 그렇지 않으면 교회 안 갈 거예요."

속삭이듯 작은 목소리였지만 저는 그 목소리를 또렷이 들었습니다. 흥분한 저는 바로 대답했습니다.

"너 방금 드럼 가르쳐 주면 교회 온다고 그랬다. 맞지? 좋다! 별로 어려운 것도 아니구만. 갈켜 주면 되지 뭐 어렵다고."

이렇게 해서 자매가 교회에 나오기 시작했습니다. 사실 저는 드럼에는 아무 소질도 없고 박자 감각도 무뎌서 한번 배우려고 시도했다가 그만두었습니다. 드럼으로 모든 노래의 기본 박자를 맞추는데 박자를 놓치니 당연히 할 수 없는 것입니다. 그럼에도 불구하고 자신 있게 드럼 가르쳐 주겠다고 큰소리를 칠 수 있었던 것은 교회에 드럼 치는 후배가 있어서였습니다. 저는 그날 바로 드럼도 잘 치고 가르칠 시간적 여유가 있는 후배에게 전화를 걸어서 부탁했습니다.

"내가 교회 데리고 가고 싶은 한 자매가 있는데 불교신자야. 근데 그 친구가 드럼 가르쳐 주면 교회 온다고 하네. 너 시간 있을 때 조금 가르쳐 주라. 형이 맛있는 거 사줄 테니 부탁 좀 하자."

"아, 네. 좋아요. 그렇게 할게요."

간단히 전화 한 통으로 준비를 끝낸 저는 며칠 뒤 불교신자인 자매와 함께 후배를 찾아갔습니다. 처음 연습하던 날 통닭 한 마리를 사서 함께 먹으며 담소도 나누었습니다. 그렇게 해서 드럼 과외가 시작된 후 그 자매는 즐겁게 드럼을 배우며 교회에 대해 마음을 열기 시작했습니다. 그리고 몇 달 뒤 신실한 불교신자였던 그 자매가 마침내 크리스천이 되었습니다. 자신이 한 약속을 멋지게 지켜 낸 그 자매가 얼마나 고마웠는지 모릅니다.

그 자매는 나중에 이런 말을 해 주었습니다.

"사실, 드럼 가르쳐 달라는 말은 그냥 흘리는 말이었는데, 오빠가 그 말을 알아듣고 재빠르게 소개시켜 주고, 배울 수 있게 해줘서 얼마나 놀랐는지 몰라요. 드럼 배우는 것이 굉장히 즐거웠고, 또 막상 교회에 나와 보니 재미있고 색다른 감동도 있어서 계속 나오게 되더라고요. 오빠, 감사해요."

드럼을 가르쳐 준 교회 후배 역시 멋진 녀석이었습니다. 자신의 개인 시간을 쪼개서 무료로 봉사하는 것이었는데, 싫은 내색 한번 없이 그 자매에게 꾸준히 드럼을 가르쳐 주며 저에게 말했습니다.

"형, 통닭은 맛있게 잘 먹었습니다. 그런데 다음부터 이러지 않으셔도 돼요. 전도하는 일에 함께 동역할 수 있어서 제가 오히려 고마워요. 기쁜 마음으로 가르치고 있으니 아무 걱정 마세요."

와우! 이런 멋진 친구들이 제 옆에 있다는 사실에 저절로 감사와 찬양이 흘러나오게 됩니다. 다시 한 번 하나님께 멋진 동역자들을 허락해 주셔서 감사하다는 기도를 올려드립니다.

열 번째 전도 이야기 : 편입생 전도

1학기가 시작되는 3월과 2학기가 시작되는 9월, 이렇게 두 번 저희 학과에서는 체육대회를 엽니다. 모든 학부생과 대학원생 그리고 학과장님과 교수님이 다 참여합니다. 교수님들과 친선 축구 경기도 하고 학년별 대항 축구, 농구, 족구, 계주 등 다양한 경기를 치릅니다. 그리고 점심시간이 되면 편육과 두부 김치, 맥주, 소주 등 푸짐한 음식들을 맛있게 먹습니다. 저는 축구 경기와 계주 대표로 참여하고 응원도 열심히 하고 음식 먹을 때는 술 빼고는 정말 맛있게 먹고 놀았습니다.

그렇게 좋은 시간을 보내고 있는데 한쪽 귀퉁이에서 쭈뼛쭈뼛 서 있는 한 무리가 제 눈에 들어왔습니다. 바로 편입생 무리들이었습니다. 참여하라고 해서 참여는 했지만 편입을 갓 한 때라 경기에 끼지는 못하고 저 멀리서 어정쩡하게 무리를 지어 있는 것이었습니다. 저는 그 모습을 본 순간 다윗이 하나님께 "전쟁하러 올라 갈까요? 말까요?" 하고 물어본 것처럼 짧은 기도를 드렸습니다.

"하나님, 저 무리 사이로 가볼 건데 도와주실 거죠?"

"그래, 가거라."

저는 짧고 명확한 하나님의 음성을 듣고 자신 있게 그 무리에게 다가 갔습니다. 편입생들 중에 나이가 제일 많아 보이는 형에게로 가서 "안녕하세요. 이번에 편입하신 분들이죠?" 하고 인사를 건넸습니다.

"아, 예, 맞습니다."

"반갑습니다. 저는 최병호라고 합니다. 이쪽에 계시지 말고 저희랑 같이 맛있는 편육이랑 두부김치 먹으면서 이야기나 나누시지요."

"아닙니다. 저희는 그냥 여기서 저희들끼리 먹을게요. 그게 마음이 편해서요. 신경 쓰지 마세요."

"아, 그렇겠네요. 알겠습니다. 그럼 여기 잠시만 앉아 계세요. 제가 가서 음식들 좀 챙겨 올게요."

저는 재빨리 음식을 챙겨와 편입생 무리 틈에 끼어 앉았습니다. 계속 왔다 갔다 하며 음식을 대접하니, 그분들도 환하게 웃으며 맛있게 먹었습니다. 이렇게 대화를 시작하다 보니, 어느새 여러 이야기가 오가고 금세 친해졌습니다.

그분들은 처음에 과 체육대회에 가야 하나 말아야 하나 엄청 고민했다고 합니다. 그래서 저는 이런 행사에도 참여해야 서로 친해지고, 과 생활하기에도 좋다고 하면서 학과 생활에 도움이 되는 여러 정보를 열심히 설명해 주었습니다. 저는 학과 분위기, 교수님 스타일, 시험 경향, 시험 족보, 어떤 수업을 들어야 좋은지 등 그분들에게 필요한 정보들을 쏙쏙 끄집어 내 말해 주었습니다. 그분들은 음식에는 손도 안 대고 오로지 제가 말하는 솔깃한 정보에 눈을 반짝이며 귀를 기울였습니다. 그때 그 무리의 장으로 보이는 형이 이런 말을 했습니다.

"병호가 해주는 이야기는 정말 중요한 정보인데, 우리만 들어서는 안 될 것 같다. 병호야, 편입한 애들 중에 여기에 참석 안 한 애들도 있는데, 다음에 한 시간 정도만 내서 빈 강의실에 모여 다 같이 들을 수 있게 해주면 안 되겠니?"

저는 흔쾌히 그러겠다고 했습니다. 그리고 다음날 약속 시간에 맞춰서 빈 강의실로 갔습니다. 편입생들은 모두 모여 저를 기다리고 있었습니다. 강의실에 들어가니 제가 마치 교수님이라도 된 듯, 칠판은 깨끗이 닦여 있고, 교탁 위에는 음료수까지 놓여 있었습니다. 저는 처음 본 분들과도 간단히 인사를 나누고 진지하게 학과 정보에 대해 설명을 했습니다.

칠판에 교수님의 성함을 적어가면서 이 교수님의 특성과 좋아하는 스타일, 싫어하는 스타일, 그리고 과제에 대해서도 자세히 이야기했습니다. 제가 작성한 과제 리포트까지 참고하라고 돌렸습니다. 그리고 반드시 들어야 하는 교양과목들은 제가 갖고 있는 책을 주면서 함께 돌려 보도록 했습니다. 이런 식으로 제가 갖고 있는 알짜배기 정보들을 다 이야기하자 편입생들은 입이 귀에 걸려 얼마나 좋아했는지 모릅니다. 모두들 고마운 마음에 저에게 어떻게 하면 감사의 표시를 할지 이런저런 이야기들을 나누고 있었습니다. 그때 저는 기회를 놓치지 않고 이렇게 말했습니다.

"아, 저는 괜찮습니다. 밥이나 선물 같은 거 안 사 주셔도 됩니다. 그냥 시간 날 때 교회에 한 번씩 와 주세요."

그러자 편입생 분들이 흔쾌히 이렇게 말하는 것이었습니다.

"그래. 병호가 이렇게까지 해주는데 우리 한번 다 같이 가보자."

그 후 저는 그분들과 좋은 관계를 맺으며 잘 지냈고, 대부분의 편입생들이 교회에 한 번 이상씩 왔습니다. 그들 중에 꾸준히 교회에 다니게 된 이들도 생겼고, 방학 때 함께 일본으로 단기선교를 가게 된 이도 있었습니다.

제가 그분들에게 일방적으로 도움을 주었던 것은 결코 아니었습니다. 처음에는 제가 도움을 주었지만 시간이 지날수록 오히려 제가 그분들에게 많은 정보와 도움을 받게 되었습니다. 서로에게 든든한 후원자가 된 것입니다. 제가 가진 것들을 아낌없이 나누자 그분들도 저에게 자신의 것을 아낌없이 나누어 주었습니다.

열한 번째 전도 이야기 : 택시 기사 전도

어느 날 저를 전도한 전도사님과 저녁식사를 마치고 집으로 돌아오는 길이었습니다. 전도사님과 여러 이야기를 나누다 보니 늦은 시간이 되었습니다. 전도사님은 학생인 저에게 택시비까지 쥐어 주시고, 집에 가서 가족과 나누어 먹으라며 피자까지 사 주셨습니다. 전도사님과의 만남을 통해 은혜와 기쁨과 위로를 얻은 저는 성령 충만한 상태로 택시를 탔습니다. 입가에 미소가 가득한 저의 모습을 보고 기사님이 먼저 말을 걸었습니다.

"무슨 좋은 일이 있나 보네요?"

"네, 은사님을 만나서 많은 이야기를 나눴거든요."

"굉장히 좋은 은사님이신가 보네요?"

"네, 이분을 만나고 제 인생이 변했습니다. 학창 시절에 인생의 스승을 만나는 복을 누리고 지금도 가끔씩 만나 뵐 수 있어서 정말 감사하고 행복합니다."

자연스럽게 이런 이야기를 하면서 집으로 가게 되었습니다. 그러다가 기사님의 가족 이야기를 듣게 되었고, 손님들을 태우느라 저녁밥도 못 먹었다는 사실까지 알게 되었습니다.

"기사님, 아직까지 저녁도 못 드시고 배 많이 고프시겠어요."

"배는 고프지만 어떻게 하겠습니까? 운전하다 보면 오늘처럼 밥 시간 놓칠 때가 많답니다."

이렇게 대화를 주고받는 사이 어느새 집 앞까지 오게 되었습니다. 저는 택시에서 내리면서 피자를 바라보며 순간적으로 이런 생각을 했습니다.

'나는 전도사님과 좋은 대화 나누면서 맛있는 음식도 많이 먹었는데, 이분은 밥도 굶고 일하고 계시구나. 이걸 선물로 드려야겠다.'

저는 택시에서 내리면서 기사님께 말했습니다.

"저, 기사님. 이 피자 제가 은사님께 받은 선물인데요. 기사님 드세요. 저녁도 못 드시고 배 많이 고프시잖아요. 곧 댁에 들어가신다고 하셨는데, 가족과 맛있게 드세요. 아드님도 많이 좋아할 거예요."

그랬더니 기사님이 안 그래도 되는데 너무 고맙다면서 제 전화번호를 물으셨습니다. 그래서 전화번호를 적어 드렸고 그 후 기사님과 한 달에 한두 번씩 안부를 묻는 사이가 되었습니다.

그분은 자연스럽게 제가 교회 다니는 청년이라는 사실을 알았고 저는 전화 통화 할 때마다 "기사님, 교회 꼭 한번 오세요. 제가 맛있는 식사 대접하겠습니다"라고 말하곤 했습니다. 그렇게 만난 지 1년쯤

지난 뒤에 정말로 기사님이 교회에 오셨습니다. 주일에도 회사에 나가고 한 번씩 쉬는 날이면 가족과 시간을 보내야 한다고 말했던 기사님이었는데, 어렵게 시간을 내서 교회에 나오신 것입니다. 그분이 처음 교회 오던 날 어찌나 감사한지 눈물이 다 핑 돌았습니다.

그 뒤로도 주일날 일을 하지 않을 때면 교회에 오셨습니다. 기사님 사모님과 자녀분도 다 같이 교회 나오실 그날을 기대하며 계속해서 기사님과 그 가정을 위해 기도합니다.

열두 번째 전도 이야기 : 교생 실습에서의 전도

대학교 4학년 봄에 교생 실습을 나갔습니다. 말로만 듣던 교생 실습을 통해 생애 첫 제자들을 만나게 되는 순간이라 가슴이 떨렸습니다. 곧 은퇴를 앞둔 선생님들도 교생 실습 가기 전의 설렘과 아이들을 실제로 만나 가르치던 때의 떨림을 기억하고 계시다는 분들이 많습니다. 저 또한 정말 어떤 아이들을 가르치게 될지 기대로 가득 차 있었습니다.

제가 교생 실습을 가서 만난 아이들은 남자 고등학생들이었습니다. 튼튼하고 활기차고 당차고 장난기로 똘똘 뭉친 아이들이었습니다. 제가 축구나 농구를 워낙 좋아해서 아이들과 금방 친해질 수 있었습니다. 그리고 매점 근처에서 아이들을 만나게 되면 여지없이 주머니가 털리곤 했습니다.

"선생님, 아이스크림 하나만 사 주세요."

"선생님, 저는 초콜릿이요."

"선생님, 전 캐러멜이요."

그러면 저는 앞으로도 옆으로도 뒤로도 못 가는 상태로 아이들에게 빙 둘러싸인 채 이렇게 항복하고 말았습니다.

"그래, 알았다. 사 줄게."

이 말 한마디에 홍해가 갈라지듯이 아이들이 길을 만들어 주었습니다. 매점으로 향하는 홍해 길이 열린 셈입니다. 비록 저를 무참히 뜯어먹는 무시무시한 아이들이지만 저는 그런 아이들이 너무나 사랑스러웠습니다.

한두 번 뜯긴 경험을 한 뒤로는 저도 나름의 대처법이 생겼습니다. 지갑을 들고 있을 때 아이들을 만나기라도 하면 통째로 털리기 때문에 지갑은 교무실에 놔 두고 주머니에 만 원 정도만 넣고 다니는 것입니다. 그러면 어쩌다가 아이들을 만나도 큰 부담 없이 뜯길 수 있었습니다.

아이들은 제가 십자가 목걸이를 하고 다니고, 술 담배 안 하는 것을 알자 교회 다닌다는 사실을 금방 알아챘습니다. 한번은 맛있는 거 사 달라고 졸라서 바빠서 안 된다고 하자 "일요일 날 사 주세요"라고 하는 것입니다. 일요일은 주일이라 교회 가야 한다고 하자 교회 마치고 사 달라고 했습니다. 밤 10시쯤 되어서야 마친다고 하니 그럼 교회에서 예배드리는 도중에 잠시 나와서 자기들 밥 사 주고 다시 들어가라는 것입니다. 마음속으로 '저런 독한 녀석들이 다 있나?'라는 생각이 들었습니다. 하지만 여전히 귀여운 녀석들이었습니다.

저보고 교회 가면 재미있느냐, 예쁜 여학생들은 많으냐, 교회 가면 밥은 주느냐 등등 별의별 질문을 다 했습니다. 그러면 저는 "그래, 교회 가면 엄청 재미있고, 예쁜 여학생들도 많고, 맛있는 밥도 원하는 만큼 먹을 수 있다!"고 자랑을 했습니다. 그러자 "어, 선생님, 그러면 저도 교회 한번 데리고 가 주세요"라고 먼저 이야기하는 아이들도 있었습니다. 저는 부모님이 허락해 주시면 교회 한번 놀러오라고 대답했습니다. 그랬더니 매주 아이들이 우르르 교회로 몰려 왔습니다. 아이들이 교회 왔으니 맛있는 거 사 달라고 조르고 난리를 피우는 통에 조용히 시키느라 진땀을 빼기도 했지만 돌아보면 행복한 시간들이었습니다.

교생 실습이 끝나갈 무렵 아이들 스스로 친구들까지 데리고 교회에 왔습니다. 그래서 저는 기쁜 나머지 교생 실습 마지막 날 아이들에게 피자 파티를 열어 주기로 결심했습니다.

"한 달 동안 너희들 때문에 정말 행복했다. 영원히 너희들을 잊지 못할 거야. 이번 주일날 12시에 선생님이 피자 사 줄게. 시간 되는 사람들은 다 모여라."

주일날 12시가 되자 아이들이 구름떼처럼 몰려 왔습니다. 심지어 다른 반 친구나 다른 학교 친구까지 데리고 나온 녀석들도 있었습니다. 족히 30명은 넘어 보였습니다. 그 아이들이 다 들어갈 피자 가게가 있을까 싶을 정도였습니다. 저는 바글거리는 아이들을 데리고 피자 가게로 들어갔습니다. 이 아이들이 얼마나 먹어 댈까 싶어 걱정이 앞서면서도 즐겁게 피자를 사 주었습니다. 그러면서 마음속으로 빌었습니다.

'아이고, 하나님! 하나님이 책임지실 거죠? 제 지갑을 넉넉히 채워 주세요.'

저는 피자를 다 먹고 나서 아이들에게 제가 정말 하고 싶었던 이야기를 꺼냈습니다. 학교에서는 깊이 할 수 없었던 이야기, 바로 예수님 이야기를 해준 것입니다. 더불어 제가 어떻게 교회를 다니게 되었고, 어떤 일을 경험했는지도 말해 주었습니다. 그리고 여기에 있는 모든 아이들이 예수님을 믿고 교회 갈 수 있도록 기도했습니다.

그 아이들 중에는 계속 교회를 다니면서 세례를 받고 신앙생활을 하는 녀석들이 꽤 많습니다. 지금은 대학생이 되었거나, 군대에 간 아이들도 있습니다. 하지만 어느 곳에 있든지 예수님을 믿고 열심히 신앙생활을 한다는 소식을 듣고 있는 저는 이 세상에서 가장 행복한 교사입니다.

열세 번째 전도 이야기 : 왕따 친구들 전도

중학교 때도, 고등학교 때도 학교에서 괴롭힘을 당하는 친구들이 있기 마련입니다. 흔히들 왕따라고 하는 친구들인데, 같은 교우들로부터 괴롭힘을 당하는 모습을 여러 번 목격하고는 마음이 너무 아파 차마 지켜볼 수가 없을 정도였습니다. 이렇게 지켜보는 사람도 괴로운데 왕따를 당하는 친구는 얼마나 죽고 싶겠습니까.

하지만 왕따를 당하는 친구와 어울리면 그 사람까지 같이 괴롭힘을 당하기 때문에 선뜻 나서서 친구가 되어 주는 일은 드물었습니다. 괴롭힘을 당할 때 용기 있게 나서서 도와주기가 어려운 것입니다. 저 또한 마찬가지였습니다. 왕따 당하는 아이의 진정한 친구가 되어 주는 일이 솔직히 두려웠습니다. 그래서 이런 생각까지 들었습니다.

'아, 우리 반에 왕따가 없으면 좋겠다. 다른 반에 왕따가 있다면 친구까지는 되지 않아도 한두 번씩 도와주고 위로해 주면 되는데 같은 반에 왕따 친구가 있으면 선뜻 나서기가 힘들 것 같아.'

그러나 내심 바라던 것과 달리 고등학교 때 같은 반에 왕따 친구가 있었습니다. 그때 제 마음이 얼마나 괴로웠는지 모릅니다.

중학교 때 왕따 당하는 친구를 도와주고 보호해 주다가 왕따시키는 아이들과 사이가 안 좋아지고, 제 물건을 도둑맞는 등 학교생활에 지장이 갈 정도로 괴롭힘을 당했던 적이 있었습니다. 그런데 고등학교 때 또 같은 반에 왕따 당하는 친구를 보는 순간 저는 이렇게 기도했습니다.

"하나님, 이번에는 못 도와주겠습니다. 중학교 때 어떤 경험을 했는지 아시잖아요. 그때 정말 힘들었습니다. 이번에도 똑같은 경험을 하기 싫습니다."

그런데 하나님이 이렇게 말씀하셨습니다.

"하지만 이번에는 다르지 않느냐. 그때는 네가 나를 몰랐었지만 지금은 내가 네 곁에 있지 않느냐. 내가 책임져 줄 테니 담대히 행하라."

하나님의 응답에도 불구하고 여전히 저는 순종하기가 싫었습니다. 그러다가 결정의 순간이 다가왔습니다. 월요일이 되면 먼저 온 순서대로 자신이 원하는 자리에 앉게 됩니다. 그러면 그 자리가 한 주 동안 자신의 자리가 되는 것입니다. 저는 일찍 학교에 와서 원하는 자리에 앉았습니다. 그런데 그날 맨 마지막에 온 아이가 왕따 당하는 아이와 짝이 되는 걸 알고 이렇게 말했습니다.

"아이씨, 정말 내가 저놈아랑 짝지 해야 되나. 아, 진짜 짜증나고 싫다."

순간적으로 저는 갈등이 되어 기도가 저절로 나왔습니다.

"하나님, 저도 저 애랑 짝지하기 싫습니다. 중학교 때처럼 괜히 도와주고 친구 되어 주다가 힘들어지긴 싫습니다. 고등학교는 정말 중요한 시기잖아요."

그러자 하나님은 예수님이 십자가에 못 박혀 돌아가신 장면을 떠올리게 하시면서 "나는 널 위해 이렇게 목숨까지 바쳤단다. 내가 책임져 주마"라고 하시는 것이었습니다.

저는 두 눈을 질끈 감았습니다.

'그래, 나도 모르겠다. 하나님이 책임져 주신다고 하니까 부딪혀 보자.'

저는 마지막에 들어온 친구에게 "야, 니 여기 앉아라. 내가 거기 앉을게" 하고 말해 버렸습니다. 말해 놓고도 제가 무슨 짓을 한 건지 얼떨떨했습니다. 하지만 이미 엎질러진 물. 기왕 왕따 친구와 짝이 되기로 한 것이니 기쁜 마음으로 자리를 옮기기로 했습니다.

"하나님, 이제 진짜 저 책임져 주이소!"

이렇게 해서 왕따 당하는 친구와 짝지가 되었습니다. 짝지는 조용한 성격에 공부도 중상위권이고 성실한 아이였습니다. 단지 반 친구들과 대화를 잘 하지 않는다는 것과 자신만의 세계를 가지고 있다는 것뿐이지, 참 착한 친구였습니다. 그런 친구가 왕따를 당하다니, 마음이 정말 아팠습니다.

짝지는 쉬는 시간에 이야기를 걸어 주는 친구가 없으니 혼자 화장실 다녀와서 음악을 듣곤 했습니다. 저는 쉬는 시간에 그 친구에게 말도 걸고 조금씩 대화를 나누면서 가까워지려고 애를 많이 썼습니다. 이런 저에게 그 친구가 조금씩 마음의 문을 여는 것을 느꼈습니다. 짓궂은 아이들은 제가 쉬는 시간에 화장실에라도 갔다 오면 짝지 주변으로 몰려들어 조롱하고 놀려대기 일쑤였습니다. 그럼 저는 둘러싼 아이들에게 가서 "뭐하노? 이제 그만들 하고 가라" 하며 무리를 해산시키곤 했습니다.

왕따 친구와 짝지가 되면서, 저랑 친한 친구들에게도 내 짝지를 잘 대해 주면 좋겠다고 특별히 부탁했습니다. 제 친구들은 대부분 교회에 다녔습니다.

"우리가 그 아이를 진짜 친구처럼 대해 주면 다른 아이들도 안 괴롭힐 끼다. 어찌 보면 진작 우리가 그 아이랑 친구하고 잘해 줬더라면 이 지경까지 안 갔을 낀데, 우리 잘못도 분명히 있다. 지금부터라도 우리 진짜 잘해 주자."

저는 친구들에게 이렇게 말하면서 제 짝지를 위해 날마다 기도했습니다.

참으로 나의 마음을 문드러지게 하는 것이 있다면 제 짝지를 괴롭히는 무리들 중에 교회 다니는 친구들이 있었다는 사실입니다. 이렇게 괴롭히는 아이들 중에는 부모님께 온전한 사랑을 못 받거나 차별

대우를 받아 상처가 있는 아이, 힘센 친구들에게 잘 보이기 위해 애쓰는 아이들이 있었는데, 교회 다니는 아이들이 그 무리에 들어가 함께 괴롭힌다는 사실이 저를 더욱더 힘들게 했습니다. 가장 가슴 아팠던 것은 제 친구 중에도 왕따인 제 짝지와 어울리는 일이 힘들어서 저와 사이가 멀어진 친구가 있었다는 사실입니다.

짝지는 우리 무리가 있을 때는 괴롭힘을 당하지 않고, 없을 때는 괴롭힘을 당하는 일을 몇 달 동안 겪었습니다. 그러다가 점점 왕따 당하는 일이 줄어들더니 어느 순간 사라지게 되었습니다. 그동안 저와 제 친구들은 힘든 시간을 견뎌내야 했습니다. 오랫동안 유지해 온 친구의 멀어짐과 배신, 물건이 없어지고, 비방하고, 유언비어가 퍼지는 등의 일이 벌어지면서 파란만장한 시간을 보낸 것입니다.

여러 아픔을 겪고 나니 나와 친구들은 한층 더 성숙해졌습니다. 정말 힘든 순간에는 선생님께 말씀드리고 야간 자율 학습을 빠진 뒤 교회 가서 목 놓아 엉엉 울던 기억도 납니다. 사실 지금 또 그런 일이 생긴다면 "그때처럼 할 수 있어"라고 자신 있게 말하지는 못할 것입니다. 그만큼 힘겨웠기 때문입니다.

하지만 하나님께서는 "사람이 감당할 시험밖에는 너희가 당한 것이 없나니 오직 하나님은 미쁘사 너희가 감당하지 못할 시험당함을 허락하지 아니하시고 시험당할 즈음에 또한 피할 길을 내사 너희로 능히 감당하게 하시느니라"(고전 10:13)고 말씀하시며 능히 이길 힘과 피할 길을 주십니다. 그래서 또 이런 일이 주위에서 일어난다면 하나님께 기도하고 다윗처럼 담대히 나아가겠다고 떳떳하게 고백하며 나

설 수 있기를 바랍니다.

다시 왕따 친구 이야기로 돌아가서, 제가 그 친구의 짝지가 되면서 급속도로 가까워졌고, 그 다음 주부터 그 친구는 교회에 나오게 되었습니다. 그 친구의 어머님도 당신 아들과 잘 어울리고 세심하게 챙겨 주는 저를 무척이나 예뻐하셨습니다.

이 일을 계기로 하나님께서는 학교에서 괴롭힘을 당하는 친구들을 하나둘씩 저에게 붙여 주셨습니다. 괴롭힘을 당해서 전학 가려는 친구를 말리고, 그 친구의 진정한 친구가 되어 주면서 힘든 순간을 함께 이겨 나갔습니다. 그래서 교회에 나가고 무사히 졸업도 할 수 있었습니다. 그 친구는 졸업앨범 안에 자신의 사진이 함께 담길 수 있게 해주어 고맙다며 눈시울을 붉히기도 했습니다.

이런 모든 일은 하나님께서 도움이 필요한 순간에 저를 그 자리에 있게 해주시고, 그 친구들에게 해야 할 말을 알려 주시고, 또 든든한 동역자들을 주셨기에 가능했습니다. 비록 저의 힘과 용기가 보잘것없을지라도 하나님께 모두 맡길 때 저를 멋지게 사용해 주시리라 믿습니다. 그런 하나님께 모든 감사와 영광을 돌려 드립니다.

열네 번째 전도 이야기 : 군대 동기 전도

군대에 다녀온 대한민국 남자라면 누구나 하루 종일 군대 이야기를 할 수 있을 것입니다. 저 또한 군대에서 울고 웃었던 일, 힘들었던 일, 재미있었던 일, 기억에서 지우고 싶은 일, 자랑스러운 일을 일주일 동안 이야기해도 모자랄 판입니다. 이제는 아름다운 추억이 된 이야기들이기도 합니다.

　사람은 기뻤을 때보다 힘들게 고생했을 때를 더 잘 기억합니다. 그렇기 때문에 남자들이 모였다 하면 군대 이야기를 안 할 수가 없는 것입니다. 그런 이야기를 마음껏 하면서 스스로 내적 치유를 경험하는 것 같습니다.

　제가 힘든 군 생활을 잘 견딜 수 있었던 것은 정말 좋은 친구가 있었기 때문입니다. 그중에서도 특히 괴로운 일을 겪을 때 누구보다 큰 힘이 되어 준 것은 바로 동기들이었습니다. 비록 자기 잘못이 아니더라도 동기가 잘못하면 함께 얼차려를 받는 것이 당연하게 여겨지는 곳이 군대입니다. 그래서인지 동기 사랑이 곧 나라 사랑이라고 외치며 기합 받던 기억이 납니다.

　저도 굉장히 외향적이고 낙천적이고 운동도 잘해서 군생활을 누구보다 잘 할 거라고 생각했습니다. 하지만 막상 부딪혀 보니 그리 녹녹하지 않았습니다. 늘 웃고 덜렁거리는 성격 때문에 고참에게 꾸중을 들은 적도 많았습니다.

　이런 저를 도와준 두 명의 동기가 있었는데, 저보다 한 살 많은 형과 동갑인 친구였습니다. 둘 다 저와는 달리 꼼꼼한 성격이어서 저를 많이 도와주었습니다. 저도 제 능력 닿는 대로 힘껏 도우면서 서로 의지하며 즐겁게 군 생활을 했습니다.

　야간 행군을 할 때 배고플 것을 대비해 챙겨 온 초콜릿을 나눠 먹고 서로 무거운 짐을 자기 배낭에 넣어 대신 들어 주기도 했습니다. 정말 무더운 날 유격 훈련을 받으면서 수통 하나로 하루를 견뎌야 한

적이 있었는데, 물 조절을 잘 못해서 이미 바닥난 제 수통에 자신의 물을 부어 주면서 마시라고 하는 두 동기가 있었기에 버틸 수 있었습니다. 그 친구들 덕분에 허리가 끊어질 듯한 피티 체조 8번(온몸 비틀기)도 이를 악물고 할 수 있었습니다.

이렇게 어려움을 같이한 두 동기들에게 저는 기회가 될 때마다 교회 가자는 말을 꺼냈습니다. 그래서 군대 있을 때부터 저와 같이 교회에 나갔고 제대 후에도 함께 교회를 다녔습니다. 한 명은 제가 다니는 교회 청년부 회장이 되었고, 한 명은 총무가 되었습니다. 나중에는 저보다 믿음이 더 좋아진 그 동기들을 통해 열심을 넘어선 특심을 배우게 되었습니다.

사실 군대에서 저는 '최 전도사'로 불렸습니다. 신학을 공부하지는 않았지만 신앙이 좋아 보이고 무엇보다 고참들한테 교회 가자고 하는 특이한 녀석이라며 어떤 고참이 붙여 준 별명입니다. 군대에서 '병호 따라 교회 한번 안 가본 사람 있느냐'라는 말이 나올 정도로 모든 사람이 저를 따라 교회에 갔습니다. 저는 특별히 군대를 하나님이 전도하라고 보내 주신 가두리 양식장이라고 여겼습니다. 양식장에서 물고기를 뜰채로 뜨면 수십 마리가 잡히듯이 군대에서도 뜰채로 건진 물고기들처럼 모든 이들이 교회를 따라왔습니다. 많은 고참들과 동기, 후임들이 저를 따라 교회에 오고 세례까지 받는 모습을 보며 기쁨의 눈물을 흘렸습니다.

군대에서 전도할 때는 특별한 것이 필요치 않았습니다. 고참들 전도 방법은 더 밝게 웃으면서 잘 따르는 것이었습니다. 같은 일을 시켜도 웃으면서 하는 저의 모습이 보기 좋다며 다들 좋아해 주었습니다. 고참들이 일 잘했다고 칭찬을 하거나 웃게 되는 일이 있으면 그 타이밍에 "김 병장님, 저랑 같이 이번 주에 교회 가면 안 되겠습니까?" 하고 물었습니다. 그러면 고참들은 머리를 쥐어박으면서도 웃으면서 이렇게 말합니다.

"알았다. 최 전도사. 간다, 갈게. 이 찰거머리 전도사야."

이런 식으로 대부분의 고참들을 전도할 수 있었습니다.

동기들은 힘들 때 서로 위로해 주고 같이 어려움을 헤쳐 나가다 보니 알아서 교회에 나왔습니다. 별 다른 말을 하지 않아도 군 생활에 열심인 저를 보고 그냥 교회에 나가야겠다는 생각이 들었다고 합니다.

후임병 전도하는 것은 제 바로 위에 무서운 고참과 동기가 있었기에 정말 쉬웠습니다. 후임병이 잘못했을 때 주로 기합을 주는 사람들은 정해져 있었습니다. 군기를 단단히 잡기 위해 꼭 필요한 기합도 있지만 작은 실수나 잘못에도 크게 혼나는 곳이 바로 군대입니다.

그런데 사람이 꾸중을 크게 듣고 나면 의기소침해집니다. 제가 주로 한 일은 그렇게 꾸중을 들어서 의기소침해 있는 후임들을 조심스럽게 밖으로 불러내서 위로를 해주는 것이었습니다. 이런 일들이 반복되니 후임병들이 스스로 저를 따라 교회에 가고 싶다는 말을 먼저 했습니다.

"최병호 고참은 천사 같다."

"최병호 상병 직속 후임들은 좋겠다."

이런 말들이 후임병들 사이에서 돌곤 했습니다. 저도 후임병들이 잘못했을 때는 그것을 바로잡아 주기 위해 싫은 소리도 했지만, 언제나 인격적으로 대하려고 노력했습니다. 사실 군기를 잘 잡는 고참이나 동기가 없었다면 제가 그렇게 할 수 없었을 것입니다. 그런 고참과 동기가 있었기에 위로해 주고 감싸주는 역할을 제가 할 수 있었던 것입니다. 그래서 저는 지금도 이렇게 생각합니다. 무서운 고참과 동기 덕을 가장 많이 본 사람은 저라고 말입니다. 그래서 그 지체들에게 지금도 감사할 따름입니다.

열다섯 번째 전도 이야기 : 친구의 친구 전도

많은 사람들이 물어봅니다. 어떻게 그렇게 많은 사람들의 연락처를 알고 그들과 교제하며 지낼 수 있냐고, 그 사람들은 도대체 어디서 만나서 알게 되었냐고 말입니다. 저의 대답은 간단합니다. 첫 번째는 어디서든 먼저 적극적으로 지혜롭게 다가간다는 것이고, 두 번째는 친구의 친구를 소개받는다는 것입니다.

보통 사람들은 적게는 30~40명, 많게는 100~200명의 사람들을 알고 지냅니다. 이것을 달리 생각해 보면 지금 나와 만나는 어떤 사람 뒤에는 수많은 사람들이 있다는 것입니다. 이 사실을 알고 난 뒤 교제의 폭을 넓히려면 친구의 친구를 소개 받으면 되겠다고 생각했습니다. 정말로 이렇게 해서 저는 인맥을 넓혀 나갔고 전도 대상자도 만들어 갔습니다.

제가 전도를 잘한다는 소문이 퍼지자 많은 분이 저에게 어떻게 전도를 하면 좋겠는지 조언을 구합니다. 그러면 저는 먼저 어떤 상황인지 자세히 듣고 난 뒤 성심성의껏 답변을 해줍니다. 상황이 허락되면 협력해서 전도를 하기도 합니다.

하루는 자신이 전도하려고 하는 친구가 있는데 교회 오라고 해도 마음을 잘 열지 않는다고 고민을 토로한 친구가 있었습니다. 그 친구는 타지에 직장을 구해서 곧 부산을 떠나게 되는지라 시간적 여유가 그리 많지 않았습니다. 그래서 우리는 시간과 주위 환경 등 여러 여건들을 파악해서 기도한 후 치밀하게 전략을 짰습니다. 그때 마침 제가 어느 교회에 가서 예수님을 믿게 된 과정과 전도 간증을 하게 되었는데, 그 친구의 친구를 그곳에 데리고 와서 함께 들으면 좋지 않겠냐는 의견이 나왔습니다. 제가 예수님을 믿게 된 과정을 듣고 간증이 끝나면 셋이서 함께 밥을 먹자는 계획이었습니다.

저희의 계획대로 친구의 친구가 교회에 오게 되었습니다. 저는 "하나님, 저 친구의 눈과 귀와 마음을 열어 주세요"라고 기도하고 전심을 다해 예수님을 믿게 된 이야기를 시작했습니다. 불교 집안에서 태어난 배경, 불교학생회장까지 지낸 저의 과거 이야기를 들으면서 그 친구가 조금은 마음의 문을 열지 않을까 기대해 보았습니다. 드디어 간증이 끝나고 계획대로 함께 식사를 했습니다. 역시 친구의 친구는 쉽게 친해지는 것 같습니다. 왜냐하면 서로 친구 사이라면, 통하는 무언가가 있기 때문입니다. 어색한 분위기 없이 자연스럽게 여러 이야기를 나누었고, 즐거운 시간을 보냈습니다.

이렇게 해서 그 친구의 친구는 교회에 나오게 되었습니다. 자신의 친구를 교회로 인도한 제 친구는 타지로 직장생활을 하기 위해 떠났습니다. 떠나기 전에 자신의 친구를 마음 편히 저에게 맡기고 갈 수 있어서 좋다고 말했습니다. 저 또한 이렇게 믿고 맡겨 준 친구에게 감사했습니다.

타지에 간 친구는 그곳에서도 열심히 신앙생활을 하고 있다고 소식을 전해 왔습니다. 물론 이곳 부산에서도 친구의 친구 역시 리더십 과정도 거치고, 새벽기도도 열심히 나오고 있습니다. 이제는 자신의 가족을 전도하기 위해 고민하고, 저와 여러 전도 계획을 짜기에 분주합니다. 처음 이 친구가 저와 제 친구의 협공에 의해 교회로 인도되었듯이, 친구의 가족도 저와 함께 세운 아름다운 협공에 의해 마음의 문을 활짝 열 것이라 확신하며 기도하고 있습니다.

열여섯 번째 전도 이야기 : 생일 전도

저는 처음 만난 사람에게 꼭 전화번호와 생일을 묻습니다. 그리고 달력에 표시해 놓습니다. 그러면 어느새 제 책상 위 달력에는 하루하루가 사람들 이름으로 꽉 차게 됩니다. 1년이 365일인데 제 핸드폰에 저장된 사람의 수가 3,500명이 넘으니 그중에 생일을 반만 기록해도 하루에 5명꼴은 되는 것입니다.

저는 전도할 친구 생일이 다가오면 생일 전날 밤 9시쯤 전화를 겁니다. 그리고 친구가 전화를 받으면 생일 축하한다는 말을 전합니다. 그러면 백이면 백 내일 생일인데 이렇게 일찍 축하를 해주냐고 합니다. 그때 저는 이렇게 말합니다.

"12시 딱 되면 전화하려고 했는데 그때는 나 말고도 다른 아이들도 연락 많이 하잖아. 생일 축하를 내가 제일 처음 해주고 싶어서 일부러 일찍 연락했다 아이가."

그리고 덧붙여서 이런 말을 합니다.

"작지만 니 생일선물 준비했다. 글구 내일 점심 같이 먹자. 내가 생일 축하 겸 사 줄게."

그러면 친구가 말합니다.

"내 생일이니까 내가 사 줘야 되는 거지 니가 왜 사 주노. 내가 사 줄게."

그 말에 저는 또 이렇게 대답합니다.

"안 그래도 내일이 니 생일이라고 니가 애들한테 밥 사 줄 꺼 아이가. 저녁에 애들 만나서 한 턱 쏘잖아. 그니까 저녁은 니가 사고 점심은 내가 사 줄게."

이렇게까지 말하는데 고맙다고 안하는 친구가 없습니다. 네가 날이 정도로 생각해 주는지 몰랐다며 감동하는 친구들도 있습니다.

다음날 친구를 만나서 정성스레 준비한 선물을 주고 점심을 먹습니다. 이 땅에 잘 태어났다는 말로 시작해서 요즘 일어나는 재밌는 이야기도 하고, 고민도 서로 나누고, 이성 친구에 대해서도 이야기하고, 앞으로도 친구로 잘 지내자는 말 등 이런저런 대화가 오고 갑니다.

그리고 생일을 맞았으니 교회 가자는 말도 빼먹지 않습니다. 처음 교회 오면 축하를 많이 받는데 생일까지 맞았으니 두 배로 축하받을 거라고 말하면, 친구는 "아이, 염치없이 어떻게 그라노?"라고 합니다. 그러면 저는 또 "아니다. 축하는 자고로 한 번 받을 때 제대로 받아야 한다"고 말해 줍니다.

그렇게 해서 생일이 있는 주에 친구를 교회로 데리고 갑니다. 갈 때 생일케이크를 준비해서 처음 교회 온 것과 생일을 함께 축하해 줍니다. 비록 처음 본 사람들이지만 진심을 담아 축하해 주는 교회 사람들을 보고 친구도 무척 좋아합니다. 좋아하는 모습을 보며 '진심은 다 통하는 것이구나'라는 생각을 하곤 합니다. 또 어떤 때는 생일축하 받은 친구가 솔직하게 이런 말을 털어 놓습니다.

"병호야, 내 생일 알고 축하해 준 친구는 너밖에 없더라. 고맙데이."

이렇게 말하는 친구는 제가 굳이 교회 가자는 말을 안 해도 옵니다. 이처럼 친구의 생일을 묻고 기록했다가 챙겨 주는 작은 습관이 천하보다 귀한 한 영혼을 주님께로 나오게 하는 데 큰 도움이 됩니다. 그래서 저는 이 습관을 절대로 멈출 생각이 없습니다.

열일곱 번째 전도 이야기 : 10년 걸린 전도

중학교 졸업할 즈음에 캐나다로 유학을 떠난 친구가 있었습니다. 그래서 거의 보지 못할 거라 생각했습니다. 그런데 대학교 다닐 때 우연히 길을 가다가 만나게 된 것입니다. 어찌나 반갑던지, 연락처를 주고받고 다음에 만나자고 약속한 뒤 헤어졌습니다.

이 친구는 저와 성격이 비슷한 것도 아니고 스타일도 완전히 달랐습니다. 사실 이 친구는 우리 학교에서 스타 중의 스타였습니다. 탁월한 리더십으로 초등학교와 중학교 때 학생회장을 했던 친구였습니다. 공부도 잘하고 운동도 잘하고 무엇보다 춤을 정말 잘 췄습니다. 솔직히 중학교 때 제 기억으로는 월드 스타 비보다 더 잘 췄다고 느껴집니다. 그래서 저는 이 친구가 뭐를 하든 성공할 것이라 생각했고, 댄스 가수가 되어 텔레비전에서 볼 수도 있겠다는 상상을 한 적도 있었습니다.

우리 둘은 참 많이 달랐지만, 서로를 매력 있는 친구로 생각했습니다. 중학교 시절 같은 반을 한 적도 없고 어울리는 친구 무리도 달라서 함께 보낸 시간이 그리 많지는 않았지만, 그 친구와 같이 했던 농구시합, 축구시합은 또렷이 기억합니다. 그런 친구를 몇 년 만에 길에서 만나니 반갑지 않을 수가 없었습니다.

그때부터 그 친구랑 연락을 하며 지냈습니다. 저는 어김없이 교회 한번 가자고 말했고, 그때마다 그 친구는 흔쾌히 가겠노라고 대답했습니다. 하지만 막상 주일이 되면 교회에 나타나지 않았습니다. 차라리 이 핑계, 저 핑계 대며 못 나온다고 말하면 될 것을 하루 종일 애간장을 태우며 기다리게 만들었습니다. 그래서 더 서운한 마음이 들었습니다.

이런 일들이 반복되는 사이 10년이라는 세월이 흘렀습니다. 그동안 꾸준히 교회 오라고 했는데 드디어 10년 만에 이 친구가 교회에 온 것입니다. 사실 친구가 교회부터 온 것은 아니었습니다. 수영로교회 청년부에서 기장에 있는 체육관을 빌려 체육대회를 하게 되었습니다. 이 친구가 저처럼 운동을 무지 좋아한다는 것을 알았기에 체육대회 소식을 제일 먼저 알려 주었습니다. 체육대회를 한다고 하니, 이 친구는 이번엔 진짜로 가겠다고 다짐을 했습니다. 그래도 저는 그리 큰 기대를 하지 않았습니다. 기대가 크면 실망도 크기 때문입니다. 그런데 이게 웬일입니까. 이 친구가 정말로 체육대회에 온 것입니다.

사실 이 친구는 인기리에 방영된 '선덕여왕' 드라마 촬영 스태프였습니다. 그래서 그 전날도 밤샘 촬영을 했는데, 한숨도 못 자고 저와의 약속을 지키기 위해 체육대회에 온 것이었습니다. 이 친구는 피곤한 상태라 같이 운동경기를 뛰지는 않았고 대신 멋진 카메라로 우리가 체육대회 하는 모습을 찍어 주었습니다. 이렇게 이 친구와 체육대회 때 즐거운 시간을 보내게 되었고, 바로 그다음 주부터 교회에 나오게 됐습니다.

무엇이든 하나를 하면 확실하게 하는 친구인지라 새벽기도도 같이 가고 주일날 촬영이 없으면 꼭 교회에 나왔습니다. 성격도 워낙 좋고 농담도 잘하고 적극적인 친구라 교회 사람들과도 금방 친해졌습니다.

10년이 넘는 시간 동안 이 친구가 교회에 꼭 오게 되기를 간절히 기도하고 바랐는데, 이제는 동역자로서 같이 신앙생활을 하게 되어 정말 기쁩니다. 이 친구를 보며 친구가 교회에 당장 나오지 않는다고 쉽게 포기해 버리면 안 되겠다는 생각을 하게 되었습니다. '빨리'보다는 '꾸준히'가 더 큰 장점이고 힘이라는 것을 절실히 느낀 것입니다.

전도를 하다 보면 서로 알게 된 지 2~3일 만에 교회로 인도할 수도 있지만 이 친구처럼 10년 이상이 걸리는 경우도 있다는 것을 깨닫게 됩니다. 저희 어머니도 11년이 걸렸습니다.

제 휴대폰에 번호가 저장되어 있는 3,500명의 사람들 중에 교회 다니지 않는 사람들이 2,500명 정도 됩니다. 지금은 비록 교회를 안 다

니는 사람이 월등히 많지만, 5년, 10년 뒤에는 교회에 나가는 사람들
이 늘어나 오히려 교회 안 다니는 사람의 수가 현격히 적을 거라 확
신합니다. 그런 날이 오도록 저는 계속 기도하며 전도하는 일을 게을
리 하지 않을 것입니다.

03

제가 생각하는 전도의 마지막은 교회에 정착시켜서 말씀으로 양육하여 리더를 만드는 것까지

리 강조해도 지나치지 않습니다. 각 교회마다 새가족을 정착시키는 방법이 있을 것입니다. 저

어집니다. 우선 새가족을 잘 정착시키기 위해 가장 먼저 하는 일은 새가족이 마음 놓고 삶과 〜

고 잘 적응하게 됩니다. 그런 다음 큐티와 예배에 대해 소개하고, 가급적 날마다 큐티를 하고

은혜 가운데 신앙생활을 잘 하게 되면 리더의 자질을 갖출 수 있도록 이끕니다.

전도의 마무리는
정착과 성숙이다

해야 온전한 전도를 했다고 할 수 있습니다. 정착시키기는 일명 '뒷문막기'라고도 하는데, 아무

를 세워 실천하고 있는데, 정착시키기, 말씀으로 양육하기, 리더 만들기 이렇게 세 단계로 나누

는 5명의 사람들을 연결시켜 주는 것입니다. 이렇게 하면 비교적 교회 생활을 힘들어하지 않

는 예배에 참여해 말씀으로 양육받도록 유도합니다. 이렇게 하여 하나님을 인격적으로 만나고

전도가
이루어지는
6 단계

전도는 관계 맺기를 시작으로, 기도하기, 필요 채워 주기, 밀고 당기기, 언제나 환하게 웃으며 이야기하기, 정착시키기까지 나름의 단계가 있습니다. 이 단계대로 새가족을 보살피고 섬겨야 그들이 온전히 교회에 뿌리를 내릴 수 있는 것입니다. 단단히 뿌리를 내리고 점점 튼실한 나무로 자라날 때 우리는 비로소 전도로 인해 얻게 되는 복의 정수를 맛보게 됩니다. 그러면 지금부터 전도가 이루어지는 단계에 대해 면밀히 살펴보도록 하겠습니다.

첫 번째 단계는 관계 맺기입니다.

전도를 하려면 먼저 전도할 대상자가 있어야 합니다. 저는 전도 대상자를 찾아 관계를 맺는 것부터 시작했습니다. 일단 대상을 알아야 기도할 것이고, 잘해 줄 것이고, 교회 가자는 이야기도 할 수 있기 때문입니다.

만약 관계를 맺은 사람이 크리스천이면 믿음 안에서 좋은 동역자가 되기 위해 노력합니다. 그리고 교회 다니지 않는 사람이면 관계를 더 꾸준히 유지해서 전도하려고 합니다. 관계 맺기 가장 쉬운 방법은 칭찬하기입니다.

칭찬의 5가지 법칙

1. 여러 사람 앞에서 칭찬을 해 줍니다. 책망은 그 사람 앞에서만 하고 칭찬은 많은 사람 앞에서 해야 효과가 있습니다.

2. 예기치 않을 때 갑자기 칭찬해 줍니다. 칭찬받을 것을 기대하고 있다가 칭찬받는 것보다 기대하고 있지 않았는데 칭찬을 받으면 새로운 느낌이 듭니다.

3. 짧고 굵게 칭찬합니다. 너무 길고 장황한 칭찬은 진실성이 없어 보여 오히려 아부처럼 들립니다.

4. 작은 일도 잊지 않고 칭찬합니다. 작은 일이 모여서 큰일이 되는 법입니다. 작은 일에도 칭찬을 받으면 큰일도 잘하려는 마음이 생깁니다.

5. 사람들은 얼굴이 예쁘다거나 건강하다는 신체적인 칭
   찬보다도 그 사람이 하는 일에 대한 인정에 더 큰 감동
   을 받습니다.

두 번째 단계는 기도하기입니다.

전도할 대상자가 나타났다면 그 영혼을 위해 기도하는 것입니다. 전도 잘하는 방법에서 이미 말씀드린 대로 기도 없이는 전도할 수 없습니다.

저는 전도할 대상자를 정하면 일단 새벽기도에 가서 그 친구의 이름을 부르며 기도합니다. 저와 사이가 좋은 친구뿐만 아니라 저와 성격이 완전히 다르거나 맞지 않는 친구들을 위해서도 제가 할 수 있는 모든 복을 빌면서 기도합니다. 그러면 하나님께서 그 기도를 기뻐하시는 것을 매순간 느끼게 됩니다.

기도할 때는 기도 대상자를 A, B, C단계로 나눈 다음 기도합니다. 처음에는 A4 용지에 이름을 적어 기도했고, 이제는 사람들이 너무 많아서 휴대폰을 보면서 기도합니다. 제 휴대폰에는 단계별로 전도할 친구들을 정리해 놓았습니다. 여기서 조금 더 자세히 할 수도 있습니다. A중에서도 A+와 A로 나눌 수도 있고, B+, B로 나눌 수도 있는 것입니다. 이런 세심한 분류는 자기 나름대로 어떤 기준을 두고 나누면 됩니다.

저는 전도 대상자를 적은 종이를 늘 지갑 속에 넣고 다닙니다. 어디 나갈 때는 주로 가방을 매지만 가방 없이 지갑만 들고 나갈 때도

있어서 이것만큼은 꼭 지갑 속에 넣고 다닙니다. 그러면서 길을 걸을 때나 지하철을 탈 때 틈틈이 꺼내어 보고 기도합니다. 일단 눈에 보여야 자주 기억을 하고 기도할 수 있어서 지갑 속에 넣고 다니면 참 좋습니다. 그리고 어디서 물건을 살 때도 지갑을 꺼내면서 기도를 하게 됩니다.

"하나님, '네 보물이 있는 그곳에는 네 마음도 있느니라'(마 6:21)고 하셨지요. 특별히 제가 가지고 있는 이 돈을 전도하는 데 사용하기 원합니다. 전도하는 데 제가 가지고 있는 돈을 지혜롭게 잘 사용하게 해주세요."

그리고 항상 이렇게 마무리합니다.

"하나님, 다윗처럼 사람들과 동역자들을 모을 수 있는 능력과 그들을 변화시킬 수 있는 능력을 제게 주시옵소서."

세 번째 단계는 필요를 채워 주는 것입니다.

전도할 친구에게 친절을 베풀고 따뜻하게 잘 대해 줍니다. 이때 그 친구에게 무엇이 가장 필요한지 파악한 뒤 그것을 해주려고 노력합니다.

친구의 필요를 완벽하고 완전하게 채워 주지 않아도 됩니다. 우리가 친구의 필요를 다 채워 주지 못한다 하더라도 그 친구는 우리의 노력을 다 알 것입니다. 그것이면 됩니다. 이렇게 필요를 채워 주다 보면 친구는 고마운 마음이 듭니다. 그러면서 교회 가자는 제안을 거절해서 은근히 미안한 마음도 들 것입니다. 시간이 지날수록 그 미안함은 더 커지게 됩니다.

필요를 채워 줄 때 조심할 것이 있다면 너무 지나치지 않게 하는 것입니다. 지나치면 부담감을 느껴서 도망가 버립니다. 친구가 도망가거나 피하지 않을 만큼, 은근히 부담감을 가질 만큼만 필요를 채워 주어야 합니다.

저는 친구들, 특히 군대를 제대한 예비역 친구들에게 이런 말을 자주 합니다.

"친구야. 우리 교회에 미스코리아 출신 동생이 있거든. 그 동생 니한테 소개시켜 주면 니 나한테 뭐해 줄래?"

"병호야, 두말 하면 잔소리제. 소개만 시켜주면 니가 해달라는 거 다해 주지. 뭐든 말만 해라. 근데 니 그 애랑 친하나?"

"당연하지. 내랑 억수로 친하다. 근데 만약에 내한테 예수님하고 그 미스코리아 동생하고 둘 중에 한 명만 소개시켜 줄 수 있다면 나는 니한테 예수님을 소개시켜 줄 끼다."

"에이, 그카면 안 되지. 미스코리아부터 소개시켜 줘야지. 그러고 나면 내가 교회 가서 예수님도 만날 용의가 쪼매 생길 거 아이가."

"임마야, 속 보인다. 내가 니 친구로서 진짜 좋아하는 거 알제? 니 좋아하듯이 예수님도 내가 억수로 좋아한다 아이가. 왜 좋은 사람 있으면 서로 소개해 주고 싶은 마음 그런 거 있잖나. 내가 얼마나 좋으면 이렇게 하겠노? 나는 니가 내랑 같이 교회 가면 정말로 행복하겠다. 내가 오죽하면 이렇게 해서라도 니랑 같이 가려고 하겠노. 글구 미스코리아 동생 당장이라도 소개시켜 줄 수 있다. 근데 그 아이가 믿음이 참 좋다. 그래서 남자친구도 믿음 좋고 신앙생활 잘하고 바른 사람을 좋아한다. 그니까 지금 니 소개시켜 줘도 너한테 매력을 별로 못 느껴서 진전이 없을 끼다. 교회부터 와서 예수님 만나고, 사람 소개는 그다음에 해줄게. 그 미스코리아 동생 아니더라도 좋은 자매들 많다. 꼭 자매 만나려고 교회 오는 것은 아니지만, 와서 믿음생활 잘하면 좋은 사람들이 너 주위에 많이 생길 끼다. 너 제대하고 나서 요즘 많이 외롭다 아이가. 일단 몇 번만 나랑 같이 가 보자. 장담하건대 나중에는 니가 더 좋아서 계속 온다고 할 끼다."

이렇게 이야기를 주고받은 친구들은 거의 대부분 교회를 찾았습니다. 그때마다 저는 그 친구들에게 같은 학교 친구라든지 비슷한 과라든지 어울릴 것 같은 교회 친구들을 소개시켜 주었습니다. 군대 제대하고 나서 낯선 후배들과 수업을 들으며 어색해 하는 친구들, 밥을 혼자 먹는 친구들에게 여러 명의 친구들을 소개시켜 주었더니 매우 좋아했습니다. 그 뒤에는 제가 가자는 말 안 해도 스스로 교회에 나오게 되었고, 그러다가 예수님을 인격적으로 만나 크리스천이 되었습니다.

저는 친구의 필요를 채워 주기 위해 용돈의 십분의 일을 따로 떼어 놓습니다. 때로는 물질이 친구들의 필요를 채워 주는 데 유용하게 쓰이기 때문입니다.

그 돈으로 전도하고 싶은 친구들에게 밥을 사 준다거나, 음료수를 뽑아 주었고, 생일이면 생일선물을 사 주었고, 경제 사정이 어려운 친구가 있으면 차비나 책값에 쓰라고 살짝 주기도 했습니다. 그렇게 꾸준히 하다 보니 이제는 따로 떼어두지 않아도 제 소득의 30% 이상을 전도하려는 친구들과 교회 아이들과 학교 아이들을 위해 쓰고 있습니다.

돈을 버는 것도 중요하지만 그 돈을 어떻게 쓰느냐가 더욱더 중요하다고 들었습니다. 하나님이 이렇게 물질을 사용하는 저를 기뻐하시는 것이 느껴졌고, 하나님이 좋아하시니까 저도 기뻤습니다. 하나님께서는 물질적으로 부족한 부분들에 대해서는 기막힌 타이밍에 넘치도록 채워 주셨습니다. 지금도 그런 놀라운 기적들은 계속되고 있습니다.

저는 친구들의 필요를 채워 주기 위해 십일조 외에 또 떼어놓는 것이 있습니다. 그것은 바로 시간입니다. 하루에 30분에서 1시간 정도의 시간을 따로 떼어놓고, 그 시간에는 친구가 모르는 문제를 가르쳐 준다거나 친구와 음료수를 마시며 대화를 나누었습니다. 고민거리가 있으면 들어 주었고, 힘내라고 격려도 해주었습니다. 멀리 떨어져 있는 친구들에게 전화를 걸어 안부를 묻고 교회 가자는 이야기도 빼놓지 않고 했습니다. 전화는 주로 A, B단계에 속하는 친구들에게 했습니다.

그리고 자투리 시간도 알뜰하게 사용했습니다. 수업마다 강의실을 이동할 때 친구들과 통화를 했고, 과외 하러 가는 길이나 집에 돌아오는 길에 틈틈이 전화 통화를 했습니다. 우리나라가 휴대폰 보급률이 세계 1위라고 들었는데, 그 사실이 얼마나 감사한지 모릅니다. 요즘 휴대폰 없는 친구들은 없기 때문에 언제든 시간 맞춰 전화하면 통화가 되고, 아니면 문자로 연락하면 되기 때문에 연락이 두절될 염려가 없습니다.

　고등학교 때만 해도 휴대폰을 다 가지고 있는 것이 아니라서 집에 전화를 걸면 다른 종교를 가진 부모님이 저를 불편해 하셨습니다. 이제는 그런 불편을 끼칠 염려가 없으니 얼마나 마음이 가뿐한지 모릅니다. 저는 휴대폰이 마치 전도하라고 하나님이 주신 선물 같습니다. 관계를 꾸준히 맺는 데도 휴대폰이 유용하게 쓰이고 잘만 이용하면 너무나 좋은 전도의 도구가 되기 때문입니다.

네 번째 단계는 밀고 당기기입니다.

　연애를 하면 보통 서로 자기 페이스대로 이끌기 위해 밀고 당기는 기 싸움을 합니다. 전도도 마찬가지입니다. 친구를 교회로 인도하기 위해서는 눈에 보이지는 않지만 묘하게 밀고 당기는 과정을 거쳐야 합니다. 마음에 감동이 와서 교회 가자는 말 한마디에 금세 따라 나서는 친구들도 있지만, 거의 대부분이 이 밀고 당기는 과정을 치르게 됩니다.

　더 구체적으로 이야기하면 이런 경우입니다.

　"친구야, 니 저번 주에는 할머니 집 간다고 하면서 이번 주에 교회 온다고 한 거 기억하제? 이번 주에 니 온다고 교회 친구들한테 얘기 다 해 놨다 아이가. 니 보고 싶다고 다 기대 만땅이다. 이번 주는 약속 없다 했으니 꼭 오는 기다?"

　"어, 저, 병호야, 있제. 갑자기 이번 주에 아버지가 등산 가자고 해서 말이야. 미안하다. 이번 주에도 못 가겠다. 아, 진짜 미안타. 내 다음에 꼭 니 따라갈게."

이렇게 말하는 친구가 정말로 아버지와 등산을 가는 것일 수도 있지만, 그냥 둘러대는 핑계일 수도 있습니다. 그렇다고 제가 그 친구의 말에 토를 달며 이렇게 반박하지는 않습니다.

"치, 뭐라카노. 니 이번 주는 온다 했다 아이가. 그런 게 어디 있노? 그러면 안 되지. 무조건 가야 한다."

물론 아쉽고 서운하기는 하지만 때로는 이렇게 말해 주는 친구가 고마울 때도 있습니다. 왜냐하면 무조건 안 간다고 하면 제가 아쉬워하고 상처받을까 봐 돌려서 말하는 것이니 오히려 고맙다는 생각이 드는 것입니다.

사실 "이번 주에 못 가서 미안하다. 다음 주에는 내가 꼭 니 따라갈게"라고 말하는 친구는 정말 아버지와 등산 가는 친구이고, 다음 주가 되면 갈 가능성이 많은 친구입니다. 한 단어 차이지만 "이번 주에 못 가서 미안하다. 다음에 내가 꼭 니 따라갈게"라고 말하는 친구는 등산을 안 갈 가능성이 많고, 다음 주에 가자고 하면 또 다른 핑계를 대서 "다음에 갈게"라고 말할 친구입니다. 그러나 아버지와 등산을 갔든 안 갔든 저의 대답과 표정은 한결같습니다. 환하게 웃다가 갑자기 아쉬운 표정을 지으면서 이렇게 힘주어 말합니다.

"맞나. 아쉽다. 야. 그래 아버지랑 등산 잘 갔다 오고 그 대신 다음 주에는 꼭 가는 기다. 알겠제? 가족끼리 어디 가거나 급한 일 아니면 꼭 가는 기다. 여자 친구한테도 미리 이번 주 일요일은 병호 따라 교회 가야 한다고 말하고 데이트 약속도 그 시간 피해서 잡는 기다. 내랑 약속하는 기다. 아님 여자 친구랑 같이 교회 와도 좋고. 그렇게 하는 기다."

여기서 중요한 것은 친구에게 교회 가자고 말할 때 '자신 있게! 웃으면서! 예의 바르게!' 하는 것입니다. 흐지부지하게 말하거나 말끝을 흐리면 신뢰성을 줄 수 없기 때문에 자신 있게 확신에 찬 목소리로 말합니다. 그리고 아무리 친한 친구라 할지라도 예의 바르게 해야 합니다. 농담도 섞어가며 교회 가자고 이야기할 때도 있지만, 진정성을 느끼게 하려면 적절한 타이밍에 예의를 지켜야 하는 것입니다.

다섯 번째 단계는 언제나 환하게 웃으면서 이야기하기입니다.

인상 팍팍 쓰면서 교회 가자고 하면 누가 교회 오고 싶겠습니까. 저는 친구들이 시간이 안 된다고 하거나 다음에 가겠다고 얼버무리면 잠시 아쉬운 표정을 지을 뿐 금세 밝은 얼굴로 친구를 대합니다. 언제나 환한 미소를 머금고 교회 가자는 이야기를 하는 것입니다. 웃는 얼굴에 침 못 뱉는다는 말처럼 웃으면서 교회 가자는 이야기를 계속 하다 보면 친구들도 나중에는 매몰차게 거절을 못합니다. 한번은 결국 저 때문에 교회에 나오게 된 친구가 이런 말을 한 적이 있습니다.

"병호야, 사실은 니가 전부터 교회 가자고 자꾸 그러는데 나는 교회 가고 싶은 마음 없었거든. 내가 교회 안 간다고 했을 때 니가 한 번이라도 얼굴 찌푸리면서 말했더라면 나는 절대 교회 안 왔을 끼다. 근데 니가 한 번도 인상 안 쓰고 밝게 웃으면서 교회 가자고 하니깐 단호하게 안 가겠다고 거절을 못하겠더라. 계속 다음번에 가겠다고 교회 가기를 미루면서 얼마나 미안했는지 모른다. 나중에는 더 이상 거절을 못하겠더라. 니 아나? 니는 사람 은근히 미안하게 만드는 능력을 가지고 있데이."

사실 전도를 하다 보면 속상할 때가 많습니다. 특히 정말 배신감이 들 정도로 친구가 약속을 지키지 않을 때는 화가 치밀어 오르기도 합니다. 언젠가 그런 친구를 만난 적이 있습니다. 분명히 주일날 교회 오겠다고 친구가 말했습니다. 그래서 토요일 저녁에 확인 전화를 하고 주일날 아침에 전화해서 깨워 주고 점심시간에 다시 전화나 문자로 약속 장소까지 확인했습니다. 그런데 막상 약속 시간이 되자 그 친구가 안 나온 것입니다. 휴대폰도 꺼져 있고, 자꾸만 음성 메시지로 넘어갔습니다. 그때 가슴이 답답해지면서 울컥한 마음이 들었습니다. '아니, 오늘 점심 때까지만 해도 나온다고 한 녀석이 어떻게 휴대폰도 꺼 놓은 채 연락조차 안할 수 있는 거지?' 저는 서운한 마음에 친구가 미웠습니다.

그래서 다음날 학교 수업 시간에 교실로 들어가서는 그 친구에게 달려가 따졌습니다.

"야! 니 어제 우찌 된 거고? 그렇게 오기로 철석같이 약속해 놓고 약속 장소에도 안 오고 휴대폰도 꺼져 있고. 어찌 된 건지 말해 봐라."

상황이 이렇게 되자 그 친구는 미안하다는 말은 했지만, 그 이후로 교회를 향한 마음의 문을 완전히 닫아 버렸습니다.

저는 이런 실패의 경험을 하고 나서 엄청난 후회를 했습니다. 결국 나중에야 가까스로 그 친구를 교회로 인도하기는 했지만, 더 많은 시간과 노력을 들여야 했습니다. 이 일을 계기로 저는 어떤 상황에서도 흥분하지 않고, 미워하지 않고, 분노하지 않고, 따지며 말하지 않게 됐습니다. 온전히 그 친구의 입장에서 생각하기로 마음먹은 것입니다.

'그래, 그 친구는 분명히 오려고 했을 거야. 그런데 친구 부모님이 교회 간다는 것을 아시고는 뭐라고 하셨을 수도 있어. 친구가 나와의 약속을 지키기 위해 간다고 말씀드리다가 혼이 났을 수도 있지. 한 집안에 두 종교가 있으면 안 된다고 부모님한테 꾸중을 들었을지도 몰라. 아니면 간다고 마음먹었는데 예전에 교회 나갔다가 상처를 받았거나 안 좋은 기억이 갑자기 떠올라 차마 발길을 뗄 수 없었을 수도 있어. 그 친구는 마음속이 엄청 복잡했을 거야. 나에게 간다는 말은 해 놓았는데 여러 일들이 생겨서 못 가게 되었으니 많은 고민을 했을 거야. 그래서 차마 못 가겠다는 문자도 못하고 휴대폰을 꺼 버렸을 수 있지. 그래, 맞아. 충분히 이해할 수 있어.'

이제 저는 약속 장소에 오지 않고 휴대폰도 꺼 놓은 친구에게 이런 문자를 보냅니다.

"친구야. 갑자기 바쁜 일이 생겼나 보네. 나는 괜찮으니까 일처리 잘해라. 혹시 그 일 빨리 끝나면 연락 주라. 사랑하는 친구야, 오늘도 행복 가득한 하루 되렴."

그리고 다음날 그 친구를 만나면 환하게 웃으면서 다가갑니다. 손에는 친구에게 건네 줄 음료수가 들려 있습니다. 제 얼굴 보기가 부담되고 미안해서 눈길을 피하는 친구의 어깨를 툭 치면서 음료수를 내밉니다. 그리고 친구가 무슨 말을 하기 전에 제가 먼저 이렇게 말합니다.

"친구야, 어제 무지 바빴나 보네. 얼마나 바쁘고 급한 일이었으면 연락도 못했노. 근데 괜찮다. 실은 나도 어제 교회 일이 많아서 좀 늦게 약속 장소에 도착했다 아이가. 그래서 얼마 안 기다렸다. 어제 니가 교회 왔으면 너 잘 못 챙겨 줘서 미안할 뻔했다. 담 주는 아무 일 없다. 그니까 너도 담 주에 오면 된다. 그때는 아무 일 없지? 절대 주일날 내랑 약속한 시간에는 딴 약속 잡지 마래이."

이렇게 이야기하면 미안한 마음 때문에 알았다고 대답합니다. 자신을 찾아와서 화를 내거나 따지거나 조금이라도 인상을 찌푸릴 줄 알았을 것입니다. 하지만 전혀 그런 내색 없이 방긋방긋 웃으면서 기분 좋게 말하는 저를 보고 안도의 한숨을 내쉬며 내심 고마웠다고 합니다.

사실은 집에서 교회 가는 것을 엄청 반대해서 교회 못 나가겠다고 말하려다가 저의 해맑은 웃음을 보고는 차마 거절을 못하고 결국 교회에 나오게 됐다는 친구도 있습니다. 그리고 정말 제가 한 번이라도 화 내기를 기다렸다는 친구도 있었습니다. 이 정도 되면 지치거나 포기하거나 한 번쯤은 화를 낼 법도 한데, 화를 내는 순간 교회 안 갈 거라고 당당히 외치려고 벼르고 있었는데, 제가 인상 한 번 찡그리지 않고 웃으며 말하니 도저히 미안해서 교회에 안 갈 수 없었다는 것입니다.

그래서 저는 친구들 사이에서 "사람 미안하게 만드는 재주꾼"이라고 일컬어집니다. 진심이 담긴 웃음으로, 친구를 사랑하는 미소로 그들에게 다가가니, 친구들도 제 진심을 알아주고, 진정으로 미안해 하며 교회를 향해 마음의 문을 열었습니다. 이처럼 하나님이 주신 환하고 밝은 미소는 정말 엄청난 힘을 갖고 있습니다.

여섯 번째 단계는 정착시키기입니다.

제가 생각하는 전도의 마지막은 교회에 정착시켜서 말씀으로 양육하여 리더를 만드는 것까지입니다. 이렇게 해야 온전한 전도를 했다고 할 수 있습니다. 정착시키기는 일명 '뒷문막기'라고도 하는데, 아무리 강조해도 지나치지 않습니다.

각 교회마다 나름대로 새가족을 정착시키는 방법이 있을 것입니다. 저는 저만의 방법을 세워 실천하고 있는데, 정착시키기, 말씀으로 양육하기, 리더 만들기 이렇게 세 단계로 나누어집니다.

정착시키기

새가족이 처음 와서 5명의 사람들과 진정으로 관계를 맺으면 정착할 확률이 아주 높다고 합니다. 그래서 저는 새가족이 오면 적어도 5명과 연락처를 주고받을 수 있도록 관계를 맺게 해줍니다. 같은 학교라든지 같은 동네에 사는 지체들이 있으면 데리고 와서 새가족에게 소개시켜 주는 것입니다. 그리고 새가족이 부담을 느끼지 않도록 편안하게 교회에 대한 평소 생각을 들어주고, 무엇보다 교회에 잘 적응할 수 있도록 최선을 다해 돕겠다고 약속합니다.

특히 조 모임을 할 때는 은혜와 즐거움을 동시에 주려고 합니다. 그래서 '은혜 반, 재미 반'이라는 말을 자주 하는데, 모임을 시작하며 찬양을 통해 성령의 임재를 구합니다. 그리고 말씀을 통해 은혜와 깨달음을 얻도록 하고, 한편으로는 나눔의 교제를 통해 즐거움과 평안함을 주려고 합니다. 마칠 때는 기도를 통해 세상이 줄 수 없는 축복 기도를 해줍니다.

수업도 재미있어야 학생들이 집중을 잘하듯, 조 모임도 밝고 아름답고 즐겁게 이끌려고 합니다. 술 좋아하는 친구들은 화기애애한 술자리를 좋아하는데, 술 대신 성령님의 임재 속에 은혜의 시간, 즐거운 시간을 만들어 줌으로써 술 자리보다 조 모임에 더 나오고 싶도록 하는 것이 제 목표입니다. 술은 없지만 즐거운 시간을 보내면서 뭔가 새로운 것들을 배우고, 나눔을 통해 치유까지 받을 수 있는 모임이 되게 하여 또 나오고 싶다는 생각이 들도록 최선을 다하는 것입니다.

말씀으로 양육하기

저는 새가족이 반드시 큐티를 할 수 있도록 안내해 줍니다. 큐티가 뭔지 전혀 모르는 지체라 할지라도 큐티 책은 마음을 따뜻하게 해주는 월간지 같은 거라고 소개해 주고, 큐티를 어떻게 하는지 그 방법도 가르쳐 줍니다. 바빠서 하루이틀 거를 때는 그 부분은 건너뛰어도 되니 너무 부담 갖지 말라고 하고, 바쁠 때는 읽기만 해도 된다는 말도 해줍니다. 그러면서 하나님의 말씀인 성경을 꾸준히 같이 읽을 수 있도록 도와주고 모르는 부분이 있으면 전화하든지 표시해 두었다가 주일에 물어 보라고 합니다.

그리고 새가족에게 새벽기도, 화요도심^(수영로교회 1청년부 기도모임), 수요예배, 금요철야 등 모든 모임과 예배에 대해 설명해 주고, 나올 수 있도록 합니다. 새가족이 주일만 나올 수 있다고 하면 가능한 부담을 주지 않는 게 좋겠지만, 마음이 활짝 열려 있는 경우에는 처음부터 여러 모임에 나와서 은혜받고 하나님을 인격적으로 만날 수 있도록 이끌어 줍니다.

저는 저희 사랑원들에게 늘 이렇게 말합니다.

"내가 너희들에게 해 줄 수 있는 것은 맛있는 밥이나 간식을 사 주거나 기도를 해 주는 것이다. 그리고 또 한 가지는 은혜의 자리를 소개하며 그 자리에 같이 나올 수 있도록 하는 것이다. 나는 예배를 통해 은혜받고 변화되는 사람을 수없이 봐 왔다. 그래서 이것이 내가 해 줄 수 있는 최선이라고 생각한다."

리더 만들기

하나님을 인격적으로 만나고 은혜 가운데 신앙생활을 잘 하게 된 새가족은 더 이상 새가족으로 보지 않습니다. 얼마나 오랫동안 교회에 다녔느냐보다는 어떤 변화된 삶을 살고 있는가가 중요하기 때문입니다. 이들은 이제 자립할 수 있는 단계에서 더 나아가 다른 사람들을 이끌 수 있는 단계로 올라서야 합니다. 한마디로 리더가 되어야 하는 것입니다.

저는 먼저 된 리더들에게 "새로운 리더를 만들고 싶으면 그 지체를 그림자처럼 달고 다녀라"는 말을 많이 합니다. 보고 배우는 것이 가장 빠르고 효과적이기 때문입니다. 어디를 가든 모든 활동을 보고 배우게 하는 것입니다. 거기에 자신만의 색깔을 입히면 된다고 말해 줍니다. 물론 완벽한 사람은 없기에 실수하는 모습도 보여 줄 수 있는데, 그런 것들을 통해서도 그 지체는 분명히 무언가를 배우게 됩니다.

하나님이
이루시는
새가족의 정착

새가족이 교회에 잘 정착하기 위해서 우리가 해야 할 일들은 참 많습니다. 하지만 여기서 꼭 기억해야 할 것은 새가족의 정착도 하나님이 하시는 일이며 하나님의 도우심이 없이는 안 된다는 사실입니다.

먼저 제 경험을 이야기해 보겠습니다.

대학 선배를 따라 교회에 온 한 지체가 있었습니다. 자신은 교회에 처음 와 봤고 집안은 불교를 믿고 있어서 한 집안에 종교가 두 개면 우환이 생기고 누군가 심하게 아프게 된다며 부모님이 반대를 하신다고 했습니다. 그래서 저는 그 아이에게 "에이, 뭐라카노? 그런 일 절대 없으니 걱정 마래이. 내가 장담할게"라고 큰소리를 쳤습니다. 저는 그 학생에게 제가 해 줄 수 있는 모든 축복 기도를 해주었습니다. 다음날 그 지체는 집이 교회 근처라 새벽기도까지 나오게 되었습니다. 저는 너무 기뻐서 하나님께 감사의 기도를 드렸습니다.

그런데 그날 오후 문제가 생겼습니다. 그 학생이 병원에 입원을 했다는 것입니다. 그 말을 듣는 순간 갑자기 눈앞이 캄캄해졌습니다. 저는 아무도 없는 조용한 장소로 가서 하나님께 무릎을 꿇고 기도로 매달렸습니다.

"아, 하나님 아버지. 이건 아니지 않습니까. 이 학생의 부모님이 한 말씀이 틀렸다고, 그런 일은 없다고 장담을 했는데, 이게 무슨 날벼락입니까? 아이고, 아버지, 도와주이소."

그날 저녁 저는 리더들을 불러서 병문안을 갔습니다. 그 학생의 병은 기흉이었는데, 한마디로 허파에 바람이 들어간 것이었습니다. 우리가 병문안을 가니 그 학생은 매우 반가워했습니다. 우리는 재미있는 이야기를 나누며 시간 가는 줄을 몰랐습니다. 마지막에는 다 같이 둘러앉아 손을 꼭 잡고 그 학생을 위해 기도해 주었습니다.

일주일 후 퇴원한 그 학생은 다시 교회에 나왔습니다. 저는 기대도 안 하고 있었는데, 학생의 모습을 보자마자 눈에 눈물이 고였습니다. 몇 달이 지나서 그 학생에게서 이런 고백을 듣게 되었습니다.

사실은 주일날 교회에 나오고 평일에는 새벽기도까지 다니기는 했지만, 교회가 자신이랑 잘 맞지 않는 것 같았다고 합니다. 그리고 부모님도 썩 좋지 않게 생각해서 더 이상 교회에 가지 말아야겠다고 마음먹었던 것입니다. 그러던 중에 갑자기 오후에 가슴이 따끔하더니 기침이 계속 나오고 숨 쉬기가 어려워 급하게 병원을 찾게 되었고, 기흉이라는 진단을 받은 것이었습니다. 갑작스런 병에 적잖이 당황했는데, 때마침 제가 전화를 걸었고, 교회 지체들이 와서 함께 기도해 준 것이 참 많은 힘이 되었다고 합니다. 또한 예전에 기흉에 걸린 적이 있었던 제가 그때의 기억을 더듬어 기흉에 대한 정보를 알려준 것이 그 학생을 안심하게 만들었던 모양입니다.

우리가 병문안을 마치고 돌아가자 그 학생은 마음속으로 이렇게 다짐했다고 합니다.

'나를 위해 이렇게 잘해 주고 신경 써 주는 사람들이 있다니. 교회에 계속 나가야겠다.'

그리고 다시 그 학생이 교회를 찾은 것입니다.

이 이야기를 들은 저는 역시 하나님이 하시는 일은 안 되는 일이 없다는 생각이 들었습니다. 그 학생이 병에 걸린 일이 교회 때문에 집안이 부정 탔다는 식으로 흘러갈까 봐 걱정했던 저와는 달리, 하나님은 그 학생의 병을 통해 오히려 교회로 오게 만드셨습니다. 이 사건 이후로 저는 크고 높고 위대하신 하나님을 더 신뢰하게 되었고, 저의 짧은 생각으로는 이해하기 힘든 일이라도 하나님을 원망하지 않고 무조건 믿고 따르리라 결심했습니다.

새가족 정착에 대한 5가지 오해

첫 번째 오해 : 새가족은 시간이 지나면 저절로 정착한다.

이 말은 정말 틀린 말입니다. 이것은 마치 갓난아기를 낳기만 하면 그 아기가 저절로 큰다는 말과 같습니다. 갓난아기를 키우는 일이 얼마나 손이 많이 가는 일입니까. 밤낮 할 것 없이 새벽에도 배고프다고 울고, 응가 했다고 울어대는 조카 녀석들 때문에 매번 밤잠을 설친 기억을 떠올려 보면 그 일이 얼마나 힘든지 알 수 있습니다.

새가족을 갓난아기를 다루는 어머니처럼 보살피십시오. 마음과 마음은 서로 통하는 법입니다. 교회에 처음 온 사람이 "우아, 목사님 말씀 정말 좋다. 은혜 많이 받았어"라고 말하는 것을 들어 보셨습니까? 처음 오면 어리둥절해서 목사님의 설교 말씀은 잘 들리지도 않습니다. 귀담아 들어도 무슨 말을 하고 있는지 알기가 어렵습니다.

> "그러므로 믿음은 들음에서 나며 들음은 그리스도의 말씀
> 으로 말미암았느니라"(롬 10:17).

이 말씀처럼 그리스도의 말씀으로 말미암아 믿음이 생깁니다. 이 말씀을 듣는 자리로 계속 꾸준히 나아오게 하기 위해서 새가족을 잘 돌보고 보살펴야 합니다.

새가족이 교회에 꾸준히 나오는 것은 새가족 도우미들이 얼마만큼 잘 보살폈느냐에 달렸다고 해도 과언이 아닙니다. 새가족은 교회 환경이 낯설고 생경해서 무슨 말을 들어도 잘 이해하기 힘들기 때문입니다.

두 번째 오해 : 새가족 정착의 책임은 전적으로 담임목사에게 있다.

새가족이 잘 정착하려면 담임목사의 책임이 가장 크다는 생각을 하는 분들이 꽤 많습니다. 물론 담임목사님이 새가족에게 미치는 영향을 무시하지는 못하지만, 전도한 사람에게도 책임이 있습니다.

자신이 전도한 사람이 정착하지 못하는 이유가 자신이 부족해서 그런 것은 아닌지 돌아보십시오. 무조건 '담임목사님의 말씀이 신통치 않아서 그래', '담임목사님이 새가족을 위해서 기도를 별로 안하시

나 봐'라고만 생각한다면 큰 잘못입니다. 그런 생각은 오히려 목사님의 마음만 멍들게 할뿐입니다.

세 번째 오해 : 새가족이 정착하지 못하는 이유는 새가족에게 있다.

이 말은 갓난아기는 자기가 알아서 커야지 남의 도움을 바라면 안 된다는 말이나 다름없습니다. 독수리도 자기 새끼가 날 줄 알 때까지, 절벽 아래로 밀어뜨리기 전까지는 자신의 품에 안고 정성껏 돌봅니다.

교회 처음 온 새가족은 엄청난 문화 충격을 받습니다. 저도 교회에 처음 왔을 때, 문화 충격을 극복하느라 힘이 들었던 기억이 있습니다. 아마 대부분의 새가족이 그럴 것입니다. 새가족이 공통적으로 느끼는 문화 충격은 대체적으로 다음과 같습니다.

1. 기도할 때 왜 악을 쓰듯이 고함을 지르며 큰 소리로 하는 거지?
2. 기도나 찬양을 하다가 막 울기도 하는데 왜 그러는 거지?
3. 기도하다가 갑자기 "하나님!" "주여!" "아버지" 하고 소리 질러 놀라게 하는 이유는 뭐지?

이럴 때 저는 아래와 같은 이야기를 해주면서 너무 놀라지 말라고 설명하곤 합니다.

"혹시 좋아하는 가수 콘서트 장에 가 본 적 있나요? 안 가 봤어도 그곳 분위기를 짐작할 수 있을 거예요. 교회도 하나님과 예수님을 좋아하는 사람들이 모인 콘서트 장이라고 생각하면 됩니다. 평소 집에서 흥얼거리며 부르던 노래를 콘서트 장에 가서는 큰 소리로 따라 부르지 않습니까. 마찬가지로 교인들도 평소 집에서는 조용히 기도하는데, 교회 오면 하나님을 믿는 사람이 모여 예배하는 곳이기 때문에 콘서트 장에 간 것처럼 생각해서 큰 소리로 노래하듯이 기도하는 거랍니다. 이걸 통성 기도라고 하는데, 사람들의 스타일이 다 다르듯이 교회에서도 크게 통성 기도하는 사람도 있고, 작게 소리 내서 기도하는 사람도 있고, 침묵 기도하는 사람도 있습니다.

그리고 가끔 우는 분들도 눈에 띌 것입니다. 전혀 놀랄 필요가 없습니다. 콘서트 장에 갔는데 진짜 좋아하는 가수가 수천 명의 관객 가운데 한 여성을 앞으로 불러 내 악수를 하고 안아 줬다고 생각해 보세요. 그리고 꽃다발을 주면서 아름다운 노래를 불러 주었다고 상상해 보세요. 아마 그 가수를 좋아하는 팬이었다면 너무 기뻐서 그 자리에서 눈물을 흘렸을 것입니다. 교회에서 우는 이유에는 여러 가지가 있겠지만, 진짜 너무 슬퍼서 우는 분도 있고, 말씀이나 찬양을 통해 자신이 지은 죄를 깨닫고 회개하며 우는 분도 있고, 하나님이 그 사람 마음속에 감동을 주셔서 감격해서 우는 분도 있을 것입니다.

그리고 기도하다가 '하나님!' 또는 '아버지!' 혹은 '주여!' 하고 큰 소리로 부르짖는 사람들을 간혹 볼 겁니다. 이것은 콘서트 장에서 '오빠!' 하고 외치는 사람들을 상상하면 이해가 갈 것입니다.

콘서트장과 교회의 차이점이 있다면, 콘서트 장에는 자기가 좋아하는 가수를 보러 가지만, 교회에는 눈에 보이는 찬양 팀이나 목사님을 보러 가는 게 아니라 눈에 보이지 않는 하나님과 예수님을 만나러 간다는 것입니다."

이 이야기를 해주면 새가족들이 아주 잘 이해가 된다고 하면서 교회에 대한 경계를 풀기 시작합니다. 이처럼 기신자들에겐 아주 익숙한 행동이 새가족을 놀라게 하여 새가족이 정착하는데 큰 걸림돌이 될 수 있다는 사실을 늘 명심하고, 세심하게 배려하고 설명해 주고 보살펴 주어야 할 것입니다. 다시 한 번 강조하지만 새가족을 물을 주며 가꾸지 않아도 알아서 잘 자라는 잡초와 같다고 여기지 마십시오. 값비싼 난을 다루듯이 소중히 다루십시오. 새가족은 말 그대로 나이와 성격에 관계없이 모두 갓난아기와 같으므로 교회에 정착하지 못하는 이유를 그들에게 돌릴 이유가 전혀 없습니다.

네 번째 오해 : 새가족이 정착하지 못하는 것은 하나님의 때가 오지 않았기 때문이다.

이런 말을 잘하는 사람은 책임감이 없는 사람입니다. 하나님의 때인지 아닌지를 어찌 인간이 판단할 수 있겠습니까. 하나님의 때를 운운하지 마십시오. 하나님의 때는 하나님께 맡기시고 우리는 그저 최선을 다해 묵묵히 새가족을 돌보면 됩니다. '하늘은 스스로 돕는 자를 돕는다'는 속담처럼 우리가 해야 할 일에 최선을 다할 때 하나님도 그 속에서 기적과 역사를 일으키실 줄 믿습니다.

다섯 번째 오해 : 새가족은 주일예배만 잘 참석하면 된다.

새가족이라고 무조건 주일예배만 참석하라는 법은 없습니다. 물론 주일예배에 적응하는 것이 가장 중요하겠지만, 새벽기도나 수요예배, 금요철야예배 때도 나올 수 있다면 함께하는 것이 좋습니다. 오히려 모든 것이 처음이므로 '아, 원래 이렇게 하는 거구나', '이미 시작한 거 제대로 한번 해보자'라는 다짐을 할 수도 있습니다.

하나님께 예배드리고 말씀을 자주 듣는 환경을 만드는 것은 새가족에게 상당히 좋습니다. "믿음은 들음에서 나고 들음은 그리스도의 말씀으로 말미암는다"는 성경 말씀을 반드시 기억하기 바랍니다. 새가족이 하나님을 만나고 믿음이 무럭무럭 자라는 것을 보게 되면 그것보다 기쁘고 신나는 일은 없을 것입니다.

새가족
더 깊이 이해하기

　　　　　　　　새가족을 잘 도우려면 우선 그들이 어떤 상태이고, 어떤 가치관과 생각을 갖고 있는지를 잘 알아야 합니다. 그들의 작은 부분까지 파악하고 이해하고 신경을 써 줄 때 비로소 마음의 문을 열고 주님께로 나아오게 됩니다.

첫째, 새가족은 내세보다는 현세에 더 많은 관심을 가집니다.
　고등학생은 모든 초점이 좋은 대학 가는 것에 집중되어 있고, 대학생이라면 학점 관리와 이성 교제, 그리고 취직에 관심이 있을 것입니다. 취직을 했다면 회사 내에서 인정받기와 승진, 결혼 등이 주요 관심사가 될 것입니다. 이런 점을 잘 숙지하고 새가족을 대하는 것이 좋습니다.

둘째, 새가족은 잘못된 영적 지식을 갖고 있는 경우가 많습니다.

예를 들어, 교회 가면 헌금을 강요한다든지, 어느 종교든 하나만 잘 믿으면 죽어서 좋은 곳에 갈 수 있다든지, 까딱 잘못하면 광신자가 될 수 있다는 등의 잘못된 지식을 갖고 교회를 꺼려 하는 경우가 많습니다. 이런 생각에 사로잡혀 있는 새가족이라면, 그의 생각을 미리 알고 그가 하는 말에 당황하지 않고 차분하게 대답하면서 담대히 올바른 교회관을 심어 주어야 합니다.

셋째, 새가족은 군중 속에서 고독감을 느낍니다.

현대인들은 외롭습니다. 그렇기 때문에 인터넷에서 동호회나 커뮤니티에 가입하면서 어딘가에 소속되려고 애를 씁니다. 군중을 만들고 군중 속에서 행복감과 만족감을 느끼며 고독감을 벗어나고자 하는 것입니다. 하지만 성경에 "웃을 때에도 마음에 슬픔이 있고 즐거움의 끝에도 근심이 있느니라"(잠 14:13)는 말씀이 있습니다. 이 말씀처럼 하나님을 만나지 못한 사람은 클럽에서 친구들과 어울려 신 나게 춤을 추면서도 고독감을 느낍니다.

프랑스 철학자 파스칼은 모든 인간의 마음속에 하나님이 만들어 놓으신 공백이 있다고 했습니다. 인간은 본능적으로 이 공백을 하나님이 아닌 다른 것들로 채우려 하기 때문에 더 큰 허무감을 느끼며 외로움을 경험한다는 것입니다. 이런 현대인들의 특징을 알고 외로워하는 친구에게 먼저 다가가서 좋은 친구가 되어 주어야 합니다.

넷째, 새가족은 숨은 상처와 아픔이 있습니다.

사람이라면 누구나 살아오면서 상처와 아픔을 겪게 됩니다. 그 상처를 치유받지 못하면 계속해서 생각나면서 마음을 갉아 먹고 자신을 괴롭히게 됩니다. 다행히도 우리 크리스천들은 하나님을 통해 내적 치유를 받았습니다. 그러나 세상 사람들은 우리처럼 진정한 위로와 치료를 경험하지 못합니다. 그래서 자꾸만 철학관을 드나들며 점을 보거나 타로카드로 미래를 점치는 것입니다. 새가족에게 숨은 상처와 아픔이 있다는 것을 알고 그것이 드러나지 않게 조심하면서 그 아픔이 치유될 수 있도록 도와주십시오. 그러면 그들의 마음 문이 활짝 열릴 것입니다.

새가족을
돕는 10가지 방법

첫째, 새가족을 절대 혼자 두지 말아야 합니다.

이것은 갓난아기를 방 안에 혼자 두는 것과 마찬가지입니다. 늘 교회에서 새가족 옆에 바짝 붙어 다니십시오. 화장실도 같이 가십시오. 자신이 예배 위원이거나 찬양팀이어서 계속 함께 있을 수 없다면, 믿을 만한 지체에게 새가족을 부탁해 놓는 것이 좋습니다.

새가족은 낯선 교회에서 혼자 있는 것을 제일 싫어합니다. 홀로 남겨진 새가족은 마치 복잡한 시장에서 엄마를 잃어버린 어린아이와도 같습니다. 만약 새가족을 자주 혼자 남겨 놓는다면, 그는 자신을 혼자 남겨 둔 친구를 원망하며 다음부터는 교회에 나오지 않겠다고 마음먹을지 모릅니다.

둘째, 새가족과 한 약속은 반드시 지킵니다.

만일 새가족과 만날 약속을 했다면 절대 지각하지 마십시오. 5분, 10분 늦는 것을 아무렇지 않게 생각하거나 약속을 자주 미룬다면 새가족에게 큰 실망감과 불신을 주게 될 것입니다. 이것은 곧 신뢰의 문제와 직결되므로 매우 중요합니다. 처음부터 약속을 안 지킨다면 교회의 모든 사람이 약속을 잘 안 지키고, 행동보다는 말이 앞선다는 선입견을 갖게 될 수 있습니다. 새가족과 한 약속은 아무리 작은 것이라도 꼭 지키십시오. 우리는 대수롭지 않게 던진 한마디 말일지라도 새가족에게는 수첩에 적어 놓고 손꼽아 기다리는 큰 약속일 수도 있습니다.

셋째, 새가족이 털어놓은 비밀은 천국까지 갖고 갑니다.

"임금님 귀는 당나귀 귀"라고 외치고 싶어도 못 외쳐서 병이 난 신하처럼 비밀을 지키기란 쉬운 일이 아닙니다. 친한 친구 사이였는데 비밀을 지키지 않아 멀어진 경우를 심심찮게 보게 됩니다. 새가족은 우리를 믿고 마음속의 이야기를 털어놓는 것이니 반드시 비밀을 지켜 주어야 합니다.

넷째, 새가족에게 좋은 사람들을 소개시켜 줍니다.

새가족에게 같은 조원들과 팀 리더들, 그리고 목사님과 전도사님을 꼭 소개시켜 줍니다. 특히 같은 조원들과 팀 리더에게는 형식적인 인사가 아닌, 진심으로 반갑게 맞이해 주고 자연스럽게 이야기를 유도해 달라고 요청하는 것이 좋습니다. 새가족은 소개받은 사람들과 어우러져 이야기하면서 자연스럽게 교회 분위기에 적응하게 됩니다.

"새가족이 5명의 사람들과 친해지면 교회 정착은 90% 이상 성공한 것이다"라는 말을 어디선가 들은 적이 있습니다. 새가족을 교회에 데리고 왔다면, 당장 교회 안의 좋은 분들을 소개시켜 주십시오. 새가족과 공통점이 많고 어울릴 만한 사람이면 더 좋습니다.

다섯째, 교회 모임에 참석해서 관계가 확장되도록 합니다.

새가족을 위한 모임이 있다면 꼭 참여할 수 있도록 옆에서 도와줍니다. 특히 리더들 모임이 아니라면, 거의 모든 모임에 새가족을 데리고 다니면서 되도록 많은 사람들과 관계를 맺을 수 있도록 해주어야 합니다. 그러다 보면 직접 보고 배우게 되는 것들이 많을 것입니다. 내성적인 새가족이라면 혼자 참석하기를 꺼려 할 수도 있습니다. 이럴 때 새가족 도우미나 전도한 친구가 같이 그 모임에 참석해 주는 것이 좋습니다.

여섯째, 새가족을 돌보는 자는 섬기는 자임을 명심합니다.

가끔씩 새가족 도우미 중에 열정이 너무 앞서서 이것저것 다 가르치려는 경향을 보일 때가 있습니다. 그러나 이것이 오히려 부작용을 일으킬 수 있습니다. 새가족이 처음부터 질려서 부담을 느끼고 교회를 기피하게 될 수 있는 것입니다. 새가족마다 정도는 다르겠지만 어쨌든 '이 사람이 지금 나를 가르치려 드는구나'라는 마음보다는 '이 사람은 나를 참 편안하게 해주는구나'라는 생각이 들도록 해야 합니다. 이 말은 곧 새가족을 가르치는 것이 아니라 잘 섬겨야 하는 것을 뜻합니다.

일곱째, 가까운 친구일수록 예의를 갖춥니다.

자신의 친구 중에 정말 격의 없이 친한 친구를 교회에 데려올 수 있습니다. 그런 경우 너무 친하다 보니 둘만 있을 때 하는 편한 행동이나 말투가 아무 생각 없이 튀어나올 때가 있습니다. 가령 친구의 별명을 부른다든지, 몸을 툭툭 치며 장난을 친다든지 하는 것입니다. 그런 말투나 행동은 교회에서는 가급적 삼가는 것이 좋습니다. 아무리 친한 사이라 하더라도 새가족으로 교회에 온 친구는 낯선 환경 때문에 잔뜩 긴장을 하고 있을 테고, 예민해진 상태일 수 있습니다. 그럴 때 장난을 치거나 마구 별명을 부르며 사적인 이야기를 서슴없이 한다면 친구가 매우 당황해 하고 기분 나빠 할 것입니다.

처음에 친구를 어떻게 소개해 주느냐에 따라 첫 인상과 이미지가 결정됩니다. 그러기에 새가족으로 데리고 온 친구를 소개할 때 각별히 신경을 써야 합니다. 저 같은 경우는 미리 새 친구들의 장점을 생각해 두어서 그 친구의 좋은 면이 잘 부각되도록 짧지만 인상 깊은 소개를 준비해 둡니다.

어떤 분들은 그렇게까지 할 필요가 있냐고 할지 모르겠지만, 저는 이것이 새 친구가 힘들게 결정을 내리고 시간을 내서 교회에 와 준 것에 대한 작은 보답이라고 생각합니다. 친구 사이를 돈독하게 하기 위해 물질적으로 투자하는 것도 좋지만, 이렇게 말 한마디로 우정의 끈을 탄탄히 만들 수 있다면 더 좋지 않겠습니까?

대신 여기서 조심해야 할 것이 있습니다. 친구에게 예의를 너무 갖춘다고 지나친 칭찬을 한다면 오히려 부자연스럽고 어색한 분위기가 될 수 있습니다. 그러니 자연스럽게 친구를 돋보이게 할 정도의 멘트에 예의까지 갖춘다면 처음 교회에 온 친구는 매우 만족스러워할 것입니다.

여덟째, 새가족이 받아들이는 정도에 따라 대처합니다.

이 말은 새가족이 교회에 얼마만큼 적응하는지, 그리고 얼마만큼 신앙을 받아들일 자세가 되어 있는지 신속히 파악하여 그 정도에 따라 잘 대해 주라는 뜻입니다.

새가족의 표정과 눈빛을 보니 지겨워서 죽을 지경인데 그 앞에서 성경 이야기만 계속한다면 역효과만 날 것입니다. 이때는 약간의 휴식 시간을 가지면서 가벼운 담소를 나누어 보도록 하십시오. 먼저 새 친구의 마음 상태가 안정이 되고 호기심을 보일 때 집중적으로 성경 공부를 해서 하나님과 예수님에 대한 이야기를 하는 것이 센스 있는 자세입니다.

종종 아무리 노력해도 성경과 교회에 전혀 관심이 없는 새가족을 만날 때도 있습니다. 이럴 때는 그냥 마음껏 노십시오. 새가족의 관심사에 대해 이야기를 나누면서 즐거운 시간을 보내십시오. 그러다가 즐거움이 최고조에 달했을 때 슬쩍 이렇게 말해 보십시오.

"바쁜 시간 내서 교회 와 주어 너무 고마워요. 이왕 오셨으니 딱 3분만 예수님에 대해 이야기할게요. 그리고 우리 다시 하던 이야기 나누어요."

무엇보다 새 가족의 마음 상태를 파악해야 하는 이유는 교회가 재미없는 곳, 지겨운 곳, 따분한 곳, 말씀만 듣는 곳, 교육만 받는 곳이라는 생각을 하게 될 수 있기 때문입니다. 이런 생각을 심어 주기보다는 교회가 재미있는 곳, 툭 터놓고 이야기할 수 있는 곳, 좋은 말씀을 배우는 곳, 좋은 사람들이 많은 곳, 낯설지만 또 오고 싶은 곳이라는 생각이 들도록 하는 것이 매우 중요합니다.

아홉째, 교회 구석구석을 소개시켜 줍니다.

교회가 크든 작든 교회 구석구석을 돌아다니며 소개해 주는 것은 참 좋은 방법입니다. 교회에 처음 온 새가족은 당연히 교회가 낯설 것입니다. 그럴 때 교회의 이곳저곳을 보여 주면서 사람들과도 자연스럽게 인사하고 친숙해지도록 한다면, 새가족도 금세 적응을 하게 될 것입니다.

어리둥절해 하는 친구를 자연스럽게 이끌면서 교회를 구경시켜 주겠다고 해보십시오. 예배실부터 시작해서 각 부서별 모임 장소와 목사님 방까지 데리고 다니며 요목조목 설명해 주고, 화장실과 물 마실

곳, 식당 등도 이야기해 줍니다.

마지막으로 교회는 항상 열려 있으니 오고 싶을 때 언제든지 와도 된다고 말해 주십시오. 또한 마음이 평온해지는 음악이 나오는 기도실도 있으니 마음이 힘들 때는 언제든 와서 기도해도 된다고 일러 주십시오.

이렇게 노력한다면 언젠가 새가족의 입에서 "교회가 내 집처럼 편안하게 여겨져요"라는 말이 나오게 될 것입니다.

열째, 꾸준히 연락해야 합니다.

대학교에 다닐 때는 특별한 일이 아니면 거의 밤 10시쯤 집에 들어갔습니다. 집에 들어가서는 씻고 간식을 먹습니다. 좋아하는 텔레비전 프로그램도 일단 틀어 놓습니다. 그러고는 교회 리더들, 저번 주에 안 보였던 아이들, 힘든 일 있는 아이들, 새가족들, 전도할 친구들에게 전화를 돌려서 안부 인사를 합니다. 통화를 하다 보면 간식 먹는 것도 잊고 좋아하는 방송도 눈에 안 들어옵니다. 그리고 어느새 제 방에서 열심히 전화 통화를 하고 있는 제 모습을 발견하게 됩니다.

이렇게 월, 화, 수, 목 4일 동안 꾸준히 전화를 돌립니다. 금요일 저녁은 리더 모임과 철야 기도회를 드립니다. 그리고 토요일은 주중에 연락하지 못한 친구들에게 전화를 걸고, 교회에 오기로 한 친구들과 한 번 더 약속 시간을 확인할 겸 전화를 합니다.

특히 주일날 교회에 오지 않은 친구들이 있다면 주일날 밤이나 월요일을 넘기지 않고 전화 통화를 하고, 리더들에게도 자신의 조원들을 꼭 챙기라고 말합니다. 주일 밤에 연락이 안 되면 문자라도 남겨서 월요일에는 꼭 통화를 하게끔 합니다.

관성의 법칙이 있어서 한 번 교회에 안 나오면 자꾸만 빠지게 되고, 나중에는 교회에 오랜만에 나오기가 부담스러워서 아예 교회를 향한 발걸음을 뚝 끊어 버리는 친구들을 많이 봐 왔습니다. 그래서 한 번 교회를 빠졌을 때 철저하게 관리를 하는 것입니다. 교회를 빠지지 않도록 하는 것이 제일 좋은 방법이고, 일단 빠진 경우 최대한 빨리 조치를 취하는 것이 좋습니다.

한 주 빠진 새가족은 교회로부터 연락이 늦게 오거나, 아예 연락이 안 오면 서운하고 섭섭해 합니다. '내가 아무런 존재가 아니란 말인가?'라는 생각이 드는 것입니다. 그래서 연락은 되도록 빨리 해야 합니다.

저는 전도할 친구들과 자주 전화 통화를 합니다. 일일이 전화하는 것이 힘들지 않느냐고 물어보는 사람들도 있습니다. 그런데 저는 이 일이 정말 재미있고 즐겁고 행복합니다. 전화 통화를 하고 문자를 남기는 일이 소중한 한 영혼을 주님께로 인도하는 일이 되기 때문입니다.

새가족과의 대화에서 지켜야 할 것들

첫째, 듣고 듣고 또 듣는 자가 되어야 합니다.

"정말 새가족이 오면 무슨 말을 어떻게 해야 할지 잘 모르겠어요."

"어떻게 해야 빨리 친해질 수 있을까요?"

이런 이야기를 하는 분들이 상당히 많습니다. 그럴 때마다 저는 이렇게 대답합니다.

"특별히 뭘 해야 할지 모르겠다면 그냥 새가족의 이야기를 들으십시오. 새가족이 무슨 말을 하든지 듣기만 하면 됩니다. 가장 쉽고 빠르게 새가족과 친해지는 방법입니다."

여기서 제 이야기를 해보겠습니다.

제 사랑원 중 한 명이 새가족을 데리고 왔습니다. 그래서 그 두 명과 다른 조원 둘, 저 이렇게 다섯 명이 모여서 조모임을 하게 되었습니다. 저희에게 주어진 시간은 1시간 반 정도였습니다. 새가족이 왔으니 자연스럽게 서로 소개를 하는 시간을 가졌습니다. 그런 다음 한 주간 있었던 일들을 이야기하며 모임을 시작했습니다. 그렇게 5분 정도가 흘렀을까요. 한 조원이 2분 정도 자신의 주중 생활과 힘든 일들을 통해 느낀 점들을 이야기하고 난 다음, 새가족의 이야기를 듣기로 했습니다. 그런데 이 친구가 얼마 전 남자친구와 헤어진 이야기를 꺼내는 것입니다. 점점 진지하게 이야기를 하자 우리는 아무 말 없이 조용히 듣게 됐습니다. 이야기는 한참 이어지고, 제한된 모임 시간은 점점 줄어들고 있었습니다. 하지만 그 친구의 이야기를 중간에서 끊을 수가 없었습니다. 급기야 눈물까지 흘리며 말하는 새가족에게 티슈를 건네 주기도 했습니다. 약 1시간 동안 새가족의 이야기가 계속되었습니다. 이야기를 끝낸 그 친구는 계면쩍게 웃으면서 이렇게 말했습니다.

"아, 진짜 죄송해요. 제가 원래 속 이야기를 잘하는 사람이 아닌데. 오늘은 이상하게 마음속 이야기를 술술 하게 되네요. 혼자서 너무 길게 이야기해서 미안합니다. 다음 주부터는 자제할게요."

그때 제 머릿속을 팍 스치고 지나가는 것이 있었습니다.

'아, 그냥 들어 주기만 했는데도 이 친구의 마음이 치유가 되었구나. 게다가 다음 주에도 교회에 나온다고 했으니, 할렐루야! 하나님,

감사합니다.'

이렇게 해서 새가족과 함께한 모임 시간은 짧은 성경 공부를 끝으로 멋지고 은혜롭게 마칠 수 있었습니다. 그 친구는 이후 교회에 열심히 나와 신앙을 갖게 되었고, 잘 정착하게 되었습니다.

저는 이 경험을 통해서 아무리 좋은 말이라도 일방적으로 가르치기보다는 상대방의 이야기를 먼저 들어 주는 것이 전도의 좋은 방법이라는 사실을 다시금 깨닫게 되었습니다.

둘째, 대화할 때 상대방을 바라보고 이야기 중간에 끊지 않아야 합니다.

새가족이 굉장히 수줍음을 많이 타더라도 그가 이야기를 할 때는 눈을 마주치며 이야기를 집중해서 듣고 있음을 알려야 합니다. 너무 내성적인 새가족이라 부끄러워할 것 같아서 시선을 다른 데 두고 있으면, 집중하지 않는다는 오해를 불러일으킬 수도 있습니다. 실제로 그런 시선이 기분 나빴다는 새가족의 이야기를 들은 적도 있습니다.

눈을 똑바로 쳐다보기 부담스럽다는 분이 많은데 저 역시 그렇습니다. 그래서 저는 이야기할 때 상대방의 코나 입 주위를 쳐다봅니다. 그러면 상대방은 자신을 보고 있다는 생각이 들지만 눈끼리 서로 마주치지는 않기 때문에 큰 부담도 느끼지 않게 됩니다.

그리고 대화를 할 때 상대방의 이야기를 중간에 끊어서는 안 됩니다. 성경 말씀에 "사연을 듣기 전에 대답하는 자는 미련하여 욕을 당하느니라"^(잠 18:13)는 말이 있습니다. 도중에 상대방의 말을 잘라 버려서 곤란한 일을 당하지 말고 상대방의 말에 끝까지 귀 기울일 줄 아는 차분한 사람이 되어야 할 것입니다.

셋째, 경우에 맞지 않는 말을 하더라도 그 자리에서 지적하지 말아야 합니다.

새가족과 이야기를 나누다 보면 엉뚱한 말을 할 때가 있습니다. 이런 이야기를 계속 듣고 있다 보면 마음속으로 '저건 아닌데…' 하다가 무심코 입 밖으로 내뱉는 경우가 있습니다. 그러나 이런 말은 매우 삼가야 할 것들입니다. 상대방의 말이 아무리 허무맹랑하다 하더라도 그 자리에서 판단을 내려 버린다면 그는 무안해져서 다시는 교회에 오지 않을 것입니다. 이때는 그의 이야기에 "아, 그렇군요" 하고 맞장구를 쳐 주다가 다음 화제로 자연스럽게 넘어가도록 유도해야 합니다.

단, 성경 내용이나 진리의 문제가 걸린 것이라서 그때 바로 정정해 주어야 할 필요가 있을 때는 상대방이 기분 나쁘지 않도록 지혜롭게 말을 꺼내야 할 것입니다.

넷째, 새가족의 문제를 놓고 대신 하나님께 기도합니다.

이것은 중보기도를 말하는 것인데, 새가족 문제를 놓고 기도하면 하나님이 그 사람을 더 긍휼히 여기는 마음을 주십니다. 또한 제가 기도하고 있다는 것을 새가족이 아는지 저에게 마음을 열고 금세 친해지는 경험을 하게 됩니다.

새가족을 위해 해줄 수 있는 가장 큰 선물은 기도입니다. 말이나 표정과 행동으로 사랑을 표현하는 것도 아주 중요합니다. 하지만 기도 없는 사랑은 팥이 빠진 단팥빵과 같습니다.

그렇다면 어떠한 심정으로 새가족을 위해 기도하면 될까요? 좋아하는 이성 친구가 있다면, 그때를 생각해 보십시오. 좋아하는 사람이 생기면 시도 때도 없이 생각날 것입니다. 그 사람을 위해 기도하지 말라고 해도 기도하게 됩니다. 이렇듯 새가족을 위해서도 연인을 위해 기도하듯이 하면 됩니다. 이것이 제가 새가족을 위해 기도할 때의 기준입니다.

다섯째, 새가족에게 눈높이를 맞춥니다.

학교에서 수업을 할 때 학생들 눈높이에 맞는 수업을 해야 합니다. 마찬가지로 새가족과 대화를 할 때도 눈높이를 맞추는 것이 정말 중요합니다. 눈높이를 맞추어 어렵지 않고 쉽게 재미있는 대화를 하십시오. 이럴 때 새가족의 호기심도 발생할 것입니다.

여섯째, 새가족의 관심사에 대해 대화합니다.

새가족의 주된 관심사가 무엇인지를 반드시 파악해야 합니다. 그 관심사를 가지고 대화를 하는 것입니다. 자기 관심사에 대한 이야기에 귀 기울여 주는 상대한테는 마음이 열리게 되어 있습니다. 마음이 열리면서 좋아하게 되고 곧 믿고 신뢰하게 됩니다.

새가족의 관심사에 대한 사전 지식이 없다면 들어만 줘도 됩니다. 대화의 소재를 억지로 만들려 하지 말고 새가족의 관심사로 자연스럽게 대화를 해 보십시오. 그러다 보면 굳이 다른 말을 하지 않아도 새가족이 스스로 자신의 이야기를 하게 될 것입니다.

일곱째, 상대방을 배려해서 말합니다.

상대를 배려해서 말하려면 지금 새가족이 어떤 상황에 있는지 미리 잘 파악해야 합니다. 미리 알아 두어야 할 것들을 예로 들어보면, 부모님이 이혼을 하셨다거나, 두 분 중 한 분이 안 계신다거나, 앓고 있는 병이 있다거나, 예전에 교회 다니다가 어떤 상처를 받아서 안 나오게 되었다거나 하는 것들입니다.

우리는 사소한 것이라고 생각할지 모르는 것들이 정작 새가족에게는 아주 예민하고 민감한 사항일 수 있다는 것을 명심하십시오. 대화를 통해 자신을 배려하고 있다는 사실을 느끼게 되면 고마운 마음을 가지지만 그 반대라면 마음을 닫아 버립니다. 그러니 항상 사려 깊은 태도로 상대를 배려하는 말을 해야 합니다.

전도하면 받는 풍성한 복들

전도 세미나를 하면 종종 "전도하면 하나님이 어떤 복을 주시나요?"라는 질문을 받게 됩니다. 저는 정말로 많은 복을 받았고 현재도 누리면서 살고 있습니다. 또한 성경에 나온 말씀 그대로 역사하는 것도 수없이 경험하면서 기쁨과 감사가 넘치는 삶을 살고 있습니다. 이렇게 전도하는 삶은 하나님이 주시는 복으로 가득 차게 됩니다. 그러면 이제부터 제가 경험한 것을 토대로 전도하면 얻게 되는 복을 소개해 보겠습니다.

첫 번째 복 : 모든 것들을 더하시는 복을 주십니다.

"그런즉 너희는 먼저 그의 나라와 그의 의를 구하라 그리
하면 이 모든 것을 너희에게 더하시리라"(마 6:33).

"너희 하늘 아버지께서 이 모든 것이 너희에게 있어야 할
줄을 아시느니라"(마 6:32).

위의 성경 말씀처럼 이미 우리가 무엇을 필요로 하는지 다 알고 계
신 하나님께서 친히 더해 주십니다. 나보다 나의 필요를 더 잘 아시
는 하나님이 채워 주시니 우리는 기다리기만 하면 됩니다.

저는 전도할 친구들을 놓고 기도할 때 가장 좋은 복을 빌며 기도를
합니다. 그리고 저를 위한 기도를 할 때 "하나님 아버지, 전도할 친구
들을 놓고 기도할 때 말씀드렸던 복들을 저에게도 허락해 주세요"라
고 합니다. 이런 기도를 굳이 반복하지 않아도 제 삶 가운데서 제 몫
을 따로 챙겨 주시는 하나님의 손길을 느끼게 됩니다.

두 번째 복 : 하나님과 사람들에게 인정을 받습니다.

"지혜 있는 자는 궁창의 빛과 같이 빛날 것이요 많은 사람
을 옳은 데로 돌아오게 한 자는 별과 같이 영원토록 빛나
리라"(단 12:3).

저는 교사입니다. 제가 가르치는 아이들이 종종 편지를 주는데, 내용 중에 "어려운 수학을 쉽고 재밌게 가르쳐 주셔서 고맙습니다. 또 우리를 잘 이해해 주시고 맛있는 간식도 많이 사 주셔서 감사드립니다. 최병호 선생님 정말 좋아요!"라는 말이 적혀 있으면 너무 기뻐서 하늘을 날아오를 것만 같은 기분이 듭니다. 이런 때는 교사로서의 보람을 느끼면서 아이들에게 더 잘 해야겠다는 생각을 하게 됩니다. 이토록 제가 기뻐하는 것은 아이들에게 선생님으로서 인정을 받았다는 사실 때문입니다.

전도를 하는 것은 하나님이 우리의 유일한 구원자이시며 만물의 주인이심을 인정하는 것입니다. 이렇게 전도를 통해 하나님을 인정하면 하나님이 영광을 받으시면서 저를 인정해 주시는 것을 느끼게 됩니다. 그리고 하나님께 인정을 받으면 반드시 사람들에게도 인정을 받게 되는 것을 경험합니다.

"많은 사람을 옳은 데로 돌아오게 한 자는 별과 같이 영원토록 빛나리라"^(단 12:3)는 하나님의 말씀처럼 하나님의 신묘막측한 방법으로 별처럼 빛나게 해주십니다.

세 번째 복 : 사람들을 얻게 됩니다.

"의인의 열매는 생명 나무라 지혜로운 자는 사람을 얻느니라"^(잠 11:30).

이 땅에서 가장 소중한 것이 뭐라고 생각하십니까? 여러 가지 답이 나올 수 있겠지만 저는 '사람'이라고 생각합니다. 이렇게 생각하는 저로서는 전도를 하면서 알게 된 사람들이 너무 소중합니다. 게다가 저는 하나님의 복이 제 주변 사람들을 통해 저에게 전달되는 경험을 수없이 했습니다. 그래서 '아, 하나님의 복은 흐르는 것이구나!'라는 것을 깨닫게 되었습니다. 은혜받은 사람과 같이 있으면 그 복이 저에게 자연스럽게 전달되는 것입니다.

정필도 목사님이 "은혜받은 사람에게 밥을 사 주면서 쫓아다니다 보면 부스러기 은혜라도 받게 된다"고 하신 적이 있는데, 그 말씀이 정말 맞는 것 같습니다. 제가 전도한 사람이지만 저보다 더 믿음이 커지고 하나님의 은혜를 누리는 이들이 참 많습니다. 나중에는 그분들을 통해 제가 오히려 많은 복을 흘려 받게 됩니다.

전도를 하면서 알게 된 많은 사람과 전도를 하려는 친구들, 그리고 전도된 사람들 모두 소중한 분들입니다. 기쁜 일에 항상 동참하며 기쁨을 배가시켜 주고 힘든 일은 함께해 주기에 힘들어 할 겨를조차 없습니다.

가령 제가 물건을 하나 사려고 해도 행복한 고민을 합니다. 자동차를 사거나 수리할 때도, 옷을 살 때도, 휴대폰을 사거나 고칠 때도 제가 아는 분들의 도움을 받습니다. 도움의 크기가 크든 작든 그것이 중요한 것이 아니라 저의 일이라면 앞장서 주는 분들이 생겼다는 사실 자체가 감사한 것입니다.

또 이분들과 교제하면서 누리는 은혜는 더 큽니다. 하나님께 나아가

기도하고 받은 은혜들을 서로 나누면서 하나님께 더 가까이 갈 수 있도록 도움을 주는 친구들이 있기에 저는 참 행복하고 감사합니다.

요즘 결혼할 때 신경 쓰는 것이 한 가지 있다고 들었습니다. 바로 하객을 동원하는 일인데, 결혼식에 참석해서 축하해 줄 친구가 별로 없어서 아르바이트 하객을 이용한다는 것입니다. 그런데 저는 그런 걱정을 할 필요가 없습니다. 친구들이 우스갯소리로 이렇게까지 말합니다.

"병호야, 너 결혼할 때 하객들 진짜 많을 텐데 5천 석 되는 수영로교회 은혜홀 아니면 안 되겠다."

저는 매일 하나님께 "하나님, 제가 만나는 모든 사람을 전도하겠습니다. 저에게 다윗처럼 사람들과 동역자들을 모을 수 있는 능력과 그들을 변화시킬 수 있는 영향력을 주세요"라고 기도드립니다. 이 기도대로 저는 "병호는 에너자이저이고 믿음직한 팀장이야", "마르지 않는 너의 열정과 섬김에 도전을 받게 돼", "네 삶을 풍성하게 채워 가시는 주님의 인도하심이 느껴져", "열정 넘치는 탁월한 리더십을 배우고 싶고, 모성애를 자극하는 너의 어리바리함을 토닥여 주고 싶어"라는 말을 날마다 들으며 살고 있습니다.

제 기도를 하나님이 기뻐하시고 정말로 기도대로 들어주고 계신 하나님께 감사를 드립니다.

네 번째 복 : 나의 지역을 넓혀 주십니다.

"야베스가 이스라엘 하나님께 아뢰어 이르되 주께서 내

게 복을 주시려거든 나의 지역을 넓히시고 주의 손으로 나를 도우사 나로 환난을 벗어나 내게 근심이 없게 하옵소서 하였더니 하나님이 그가 구하는 것을 허락하셨더라"(대상 4:10).

여기서 말한 지역에는 모든 것이 다 포함됩니다. 하나님께서는 문자 그대로 저의 지역을 매우 넓혀 주셨습니다. 간증과 전도 세미나에 초청받아 부산, 대구, 서울, 강원도, 전라도, 제주도 등 우리나라 전역뿐만 아니라 일본과 중국에까지 가게 해주셨습니다. 또 우리나라 곳곳을 다 갈 수 없으니 CBS '새롭게 하소서'에 출연하게 해주셨고, 부산 극동방송의 전파도 타게 해주셨습니다.

저의 지역은 여기까지라고 생각하지 않습니다. 주위의 많은 분들이 "병호 넌 오대양 육대주를 누비며 다닐 거니까 외국어도 잘 배워 둬라"는 말씀을 하십니다. 이 말씀대로 될 줄 믿으며 날마다 하나님께 더 가까이 나아가려고 노력할 것입니다.

다섯 번째 복 : 생각만 해도 이루어 주십니다.

"주라 그리하면 너희에게 줄 것이니 곧 후히 되어 누르고 흔들어 넘치도록 하여 너희에게 안겨 주리라 너희가 헤아리는 그 헤아림으로 너희도 헤아림을 도로 받을 것이니라"(눅 6:38).

전도를 하다 보면 상대방에게 저의 모든 것을 주거나 베풀게 됩니다. 그러면 정말 말씀대로 후히 되어 누르고 흔들어 넘치도록 하여 채움을 받습니다. 때로는 생각지도 못한 것들까지 하나님께서 부어 주시는 것을 경험하기도 합니다. 한번은 이런 적이 있었습니다. 대학교 때 영어 학원에 다녔는데, 그때 하나님께 이런 기도를 드렸습니다.

"하나님, 영어 학원을 다니게 해주셔서 감사합니다. 학원에 가게 되면 새로운 친구들을 많이 만나게 될 텐데, 그 친구들을 전도할 테니 제게 붙여 주세요."

기도를 마친 저는 학원 등록을 하기 위해 데스크 앞에 섰습니다. 그런데 안내하시는 분이 오늘부터 3일간 특별 행사를 한다는 것입니다. 그것은 4~5미터 정도 떨어진 거리에서 다트를 던지면, 다트가 꽂힌 곳에 적힌 혜택을 주는 것이었습니다. 제 가슴팍만한 다트 판에는 주먹 만한 원이 세 개 그려져 있었는데, 그 원 안에 각각 수강료 10% 할인, 15% 할인, 20% 할인이라고 적혀 있었고 나머지는 꽝이었습니다. 저는 당연히 20% 할인이라고 적힌 곳을 향해 다트를 날렸습니다. 그런데 세 개의 원 중 어느 한 곳에도 맞지 않아 내심 실망하고 있었습니다.

그런데 이게 웬일입니까? 안내하는 분이 돌아서는 저에게 "어, 잠시만요"라고 말하며 다트 판을 향해 걸어갔습니다. 그러더니 "우와, 여기서 일한 지 3년이 넘었는데 이런 적은 처음이에요. 한가운데 다트가 꽂혔어요. 수강료 전액 무료입니다"라고 말하는 것입니다.

저는 솔직히 한가운데에 전액 무료가 써 있는지도 몰랐습니다. 정말 가까이 가서 자세히 보니 새끼손톱만한 크기의 원에 '무료'라고 적혀 있는데, 다트를 던지는 자리에서 보면 전혀 보이지 않았습니다. 그때 얼마나 감격스럽고 황홀했는지 모릅니다.

'아, 하나님이 다트를 던지는 내 손의 방향을 바꾸셔서 보이지도 않는 다트 판 한가운데 꽂히게 하셨구나'라는 생각이 들었습니다. 그리고 아까 한 기도가 떠올라서 다시 이렇게 기도드렸습니다.

"하나님, 수강료를 무료로 해주신 것 감사드립니다. 그 수강료만큼의 돈을 전도하는 데 쓰겠습니다."

저는 제 지갑 속에 '무료 수강'이라고 적힌 수강표를 아직도 넣고 다닙니다. 남들이 보면 우연이라고 할 수도 있겠지만 저는 확신합니다. 하나님이 전도하고자 하는 저의 기도를 들으시고 깜짝 선물을 해주신 거라고 말입니다.

여섯 번째 복 : 하늘과 땅의 모든 권세를 주십니다.

"예수께서 나아와 말씀하여 이르시되 하늘과 땅의 모든 권세를 내게 주셨으니 그러므로 너희는 가서 모든 민족을 제자로 삼아 아버지와 아들과 성령의 이름으로 세례를 베풀고 내가 너희에게 분부한 모든 것을 가르쳐 지키게 하라 볼지어다 내가 세상 끝날까지 너희와 항상 함께 있으리라 하시니라"^(마 28:18-20).

저는 이 말씀처럼 하늘과 땅의 모든 권세를 전도하는 자에게 주신 다는 사실을 전적으로 믿습니다. 뷔페에 갔을 때 한 바퀴도 채 못 돌고 겨우 한 접시만 먹고 나온다면 엄청 억울할 것입니다. 뷔페에 갔으면 아깝다고 느끼지 않을 만큼 몇 바퀴 돌면서 여러 접시에 먹고 싶은 것을 다 담아 먹어야 뿌듯합니다. 이처럼 하나님이 주신다고 한 하늘과 땅의 모든 권세를 제대로 누리지 못한다면 이보다 더 억울한 일은 없을 것입니다.

일곱 번째 복 : 100배의 보상을 받습니다.

> "예수께서 이르시되 내가 진실로 너희에게 이르노니 나와 복음을 위하여 집이나 형제나 자매나 어머니나 아버지나 자식이나 전토를 버린 자는 현세에 있어 집과 형제와 자매와 어머니와 자식과 전토를 백 배나 받되 박해를 겸하여 받고 내세에 영생을 받지 못할 자가 없느니라"(막 10:29-30).

지하철 무임승차를 하거나 어른이 어린이 승차권을 이용하다가 걸리면 30배에 해당하는 벌금을 물게 됩니다. 이 땅에서도 30배는 엄청난 것인데, 하나님이 말씀하시는 100배는 그 크기가 얼마나 될까요?

작은 강냉이 알이 기계에서 뻥튀기가 되어 나오는 것도 100배는 안 될 것입니다. 하나님이 말씀하시는 100배의 복은 우리가 상상할 수 없을 정도로 큽니다. 전도자에게 주신다고 한 이 100배의 복을 우리 모두 누려 보기를 원합니다.

여덟 번째 복 : 행복한 사람의 특성을 갖게 됩니다.

미국 심리학회 보고에 따르면 행복은 생활환경과 무관하고 개인의 특성과 밀접하다고 합니다. 행복한 사람의 특성은 자부심과 자제력을 갖추고 낙천적이며 사교적입니다. 전도를 하는 사람은 행복합니다. 전도를 하다 보면 자연스럽게 행복한 사람이 됩니다. 행복한 사람의 특성들이 길러지기 때문입니다. 하나님 안에 거하게 되고 성령님과 동행하며 하나님의 자녀라는 자부심을 느끼고 전도하기 위해 기쁜 마음으로 절제를 하게 됩니다. 전도 대상자들과 연락하고 만나다 보면 사교적으로 변하고 성격까지 낙천적으로 바뀌게 됩니다.

현대인의 병인 우울증이 점점 심각해지고 있습니다. 그런데 전도하는 사람 중에 우울증에 걸렸다고 하는 사람 보았습니까? 걸리고 싶어도 안 걸립니다. 아니, 못 걸립니다. 마음이 죄여 오고 답답하고 우울해지려는 것 같습니까? 그렇다면 지금 당장 기도하면서 전도 대상자를 정하고 그와 연락해서 만나십시오.

크리스천이라면 누구나 진정으로 하나님께로부터 오는 참 행복을 누리고 싶을 것입니다. 이제 전도를 통해 만성피로와 같은 우울증과 헤어지고 행복을 친구 삼아 즐거운 인생이 되기를 바랍니다.

아홉 번째 복 : 나를 위해 기도해 주는 분들이 생깁니다.

나를 위해 누군가가 20분 이상 전화기를 붙들고 기도해 준다면 어떤 기분이 들겠습니까? 당연히 감사하고 행복한 생각이 들 것입니다. 전도를 하다 보면 이 일을 귀히 보시는 분들이 너무나 많은 것을 챙겨 주십니다. 특히 그중에서 제일은 기도입니다.

주위 분들은 하나님이 전도에 힘쓰는 지체를 위해 기도하라고 하신다면서 저에게 기도 제목을 물어보십니다. 그러면 저는 감사하는 마음으로 구체적인 기도 제목들을 알려줍니다.

전도하다가 혹은 어떤 중요한 일을 할 때 저를 위해 기도해 주는 분들이 있다는 것을 생각하면 힘이 불끈 솟습니다. 게으름을 피우다가도 이러면 안 된다고 저 자신을 채찍질하기도 합니다. 자신감이 떨어질 때도 기도하는 분들의 모습이 생각나면서 다시 담대한 마음으로 일어서게 됩니다.

하나님께서는 전도를 하는 저를 예쁘게 보시고 저를 위해 기도해 주고 돕는 분들을 무수히 많이 보내 주셨습니다. 그분들이 바로 믿음의 동역자들입니다. 이 귀한 분들을 보내 주신 하나님께 감사와 찬양을 올려드립니다.

열 번째 복 : 좋은 것들이 내게로 옵니다.

전도를 하면서 느끼는 것 가운데 하나는 전도하려는 분들에게 제가 도움을 받고 있다는 사실입니다. 전도를 하면 제가 무조건 도움을 줘야 한다고 생각했는데, 그 지체들과 일방통행만 하는 것은 아니라는 것을 깨달았습니다.

비록 교회는 나오지 않아도 고마운 마음에 좋은 물건이나 정보를 나누어 줍니다. 크든 작든 제게 도움이 될 만한 것들이라면 챙겨서 줍니다. 그분들은 현재 같은 교회만 안 다닐 뿐 마치 같은 사랑방 식구처럼 느껴질 때가 많습니다. 그분들도 술자리를 늘 같이하는 친구보다 제가 훨씬 더 잘 통해서 뭐든 챙겨 주고 싶다고 합니다.

전도를 하려는 분들은 하나님과 예수님, 교회에 대한 지식이 없을 뿐이지 세상 정보와 지식은 저보다 더 많습니다. 그래서 그분들을 통해 많은 것을 배웁니다. 그분들과 대화할 때면 말 그대로 세상과 소통하고 있는 느낌을 받습니다. 그분들을 통해 요즘 트렌드가 무엇인지도 파악하게 되고 좋은 것들을 서로 공유하게 됩니다.

교회 일만 하면서 세상을 등지고 사는 크리스천이 되지 말라는 말을 어디선가 들었습니다. 제가 생각하는, 세상으로 나아가는 첫 번째 길은 전도할 친구들을 만나는 것입니다. 이때 저는 하나님께 받은 은혜와 감격과 기쁨을 들고 친구들을 만납니다. 이것들이 현재 제가 가지고 있는 최고의 것이라 생각하기에 당당하게 가지고 나갑니다.

저를 따라 교회를 오든 안 오든 이런 저의 마음을 알기에, 전도하기 위해 만난 친구들도 자신이 갖고 있는 좋은 것들을 제게 나누어 주는 것 같습니다.

열한 번째 복 : 아름다운 지혜를 얻게 됩니다.

전도를 하기 위해 상대를 정하고 기도하면서 전략을 세워 나갑니다. 그러다 보면 상대방에게 맞는 전도법이 떠오릅니다. 기본적으로 잘 챙겨 주고 섬기고 믿음과 편안함을 주고 감동을 주는 것은 똑같습니다. 하지만 상대방에 따라 해주는 말이 달라지게 됩니다.

> "사람은 그 입의 대답으로 말미암아 기쁨을 얻나니 때에
> 맞는 말이 얼마나 아름다운고"(잠 15:23).

위의 성경 말씀처럼 상대방과 그 상황에 딱 맞는 말이 나와야 하는데, 준비가 미흡해서 말실수를 할 때가 많습니다. 하지만 반대로 준비가 제대로 되지 않았어도 '와, 내가 이 상황에서 이런 말을 할 수 있다니' 하며 저 스스로 감탄이 나올 때도 있습니다. 이는 전도를 하기 위해 기도하고 전략을 짜고 애쓰다 보니 하나님이 지혜를 주신 것이라고 확신합니다. 하나님이 가장 기뻐하시는 일에 모든 신경을 쓰고 노력을 다하는데 지혜를 안 주실 리 없습니다.

전도를 하다 보니 눈치도 굉장히 빨라졌습니다. 주위 분들은 종종 "으이구, 재치덩어리 병호야. 어쩌면 이렇게 이쁜 여시가 다 있노"라고 말합니다. 남자인 저에게 여시라는 말을 쓸 정도이니 제가 눈치가 엄청 빠르긴 한 것 같습니다.

눈치가 빠르다는 말을 좋은 말로 하면 센스 있다, 상황 파악을 잘한다는 뜻이 될 것입니다. 요즘 시대에 꼭 필요한 것이 센스라고 하는데, 이 센스를 원하시면 전도를 해보십시오. 자연스럽게 센스가 길러질 것입니다.

전도를 하면서 많은 사람들을 만나다 보면 상대방을 파악하는 능력이 길러집니다. 이제는 처음 보는 사람이라도 조금만 같이 있다 보

면 어떤 사람인지 금방 파악이 됩니다. 이런 능력도 학교에서 아이들을 가르치는 저에게는 절실히 필요한 것인데, 전도를 통해 터득할 수 있어서 정말 감사하고 있습니다.

그리고 전도를 하기 위해 상대방이 무엇에 관심을 가지고 있는지 파악하고 공부하게 되는데, 그러다 보면 점점 지식도 쌓이게 됩니다. 예전에 텔레비전 프로그램에서 전화로 자동차를 판매하는 연봉 1억이 넘는 여성분이 나왔습니다. 아직 젊은 20대였는데 어떤 노하우가 있는 것인지 궁금해서 계속 지켜보았습니다. 그랬더니 그 노하우 중한 가지가 전화로 상담하면서 자동차 이야기뿐만 아니라 다른 이야기들도 하게 되는데, 그 대화를 풍부하게 하기 위해 닥치는 대로 모든 분야의 책을 읽었다는 것입니다. 그러다 보니 자연스럽게 상대방과의 대화가 자연스럽게 이뤄지고, 신뢰감이 쌓여 자동차 판매로까지 이어졌다는 결론이었습니다. 저는 그 방송을 보자마자 '아, 저거구나!'라는 생각이 들었습니다. 그래서 저도 전도를 하려는 친구의 취미를 알아내서 인터넷이나 책을 통해 공부를 합니다.

예를 들어 축구를 좋아하는 친구를 전도할 때는 박지성과 호날두, 영국 프리미어리그 소식 등에 대해 알고 나가는 것입니다. 이런 노력을 하다 보니 자연스럽게 지식이 쌓였고 하나님이 지혜까지 주시는 것을 경험하게 되었습니다.

열두 번째 복 : 행복한 유통자가 됩니다.
장경철 목사님이 '행복한 유통자'라는 말을 쓰는 것을 들은 적이 있

습니다. 전도하는 자는 정말 복된 소식을 전하기에 행복한 유통자가 됩니다. 전도하는 삶을 사는 것 자체가 감사하고 즐겁습니다. 부족한 저를 통해서 복음을 전하기를 원하시는 하나님이 그저 감사할 뿐입니다. 이렇게 전도를 하다 보니 '해피 바이러스', '행복한 아이', '행복 전도사'라는 별명이 붙었습니다. 인터넷상의 닉네임도 '행복한 아이'였다가, 20대 후반이 되면서 '행복한 청년'으로 바뀌었습니다.

저는 오늘도 다짐을 합니다. 난 평생 행복을 전하는 행복 전도사가 되겠다고 말입니다.

열세 번째 복 : 누군가의 멘토가 됩니다.

누군가에게 '당신은 나의 롤 모델입니다'라는 말을 듣는다면 얼마나 기쁘겠습니까? 부끄럽지만 저도 전도를 하다 보니 많은 지체들의 멘토가 되는 경우가 있습니다. 허점투성이고 덜렁거리는 제가 누군가의 멘토가 되다니 이거야말로 기적입니다. 저의 멘티가 되겠다고 한 이들은 저에 대한 단점들을 다 아는 이들인데 왜 저를 멘토로 삼으려 하는 것인지, 저 스스로 참 신통방통한 일이라 생각합니다.

가만히 보니 저를 멘토라고 부르는 이들은 두 부류로 나뉩니다. 한 부류는 저를 통해 교회에 나와서 예수님을 인격적으로 만난 지체들이고, 또 한 부류는 저의 전도하는 열정과 새가족을 섬기는 모습을 닮으려는 지체들입니다.

어찌 되었든 이들이 있기에 저는 많은 보람을 느낍니다. 게으름을 피울 때도 있는데 이들이 있기에 언제나 빨리 제자리로 돌아가게 됩니다. 이들에게 실망을 주지 말자는 생각이 저를 적당히 긴장하게 만듭니다.

얼마 전에 받은 감격스러운 편지 한 통을 소개해 드리겠습니다.

> 저번 간증 때 은혜를 많이 받아서 저도 하나님을 전도하는 사람으로 쓰임받고 싶다고 다짐했어요. 그리고 지금 자신 있게 주위 사람들에게 하나님을 전하고 귀한 열매를 맺고 있답니다. 저도 선생님처럼 크게 쓰임받는 하나님의 자녀가 되고 싶어요. 기도해 주세요.
>
> ─믿음의 제자 드림

저는 저 자신이 너무나 부족하다는 사실을 잘 압니다. 이런 저를 멘토로 여기는 분들이 있기에 하루에도 여러 번 제 마음을 다스리고 다잡으려 합니다. 지금 저는 저 자신을 부끄러운 멘토라고 생각합니다. 하지만 전도를 게을리 하지 않고 초심으로 돌아가 이들을 잘 섬기고 꾸준히 노력한다면 저도 언젠가 "나를 배우라"고 말한 바울처럼 당당한 멘토가 될 것이라 기대합니다.

열네 번째 복 : 천국에 상급이 쌓입니다.

상급이란 상으로 주는 어떤 것을 말합니다. 성경에서는 하나님께 충성한 사람에게 하나님이 주시는 것으로 주로 묘사되어 있습니다. 바울은 복음 증거에 충성한 종들이 받을 상급을 "썩지 아니할 관",

"의의 면류관"으로, 야고보는 "생명의 면류관"으로 묘사하였고, 베드로는 "영광의 관"으로 표현했습니다.

> "이기기를 다투는 자마다 모든 일에 절제하나니 그들은 썩을 승리자의 관을 얻고자 하되 우리는 썩지 아니할 것을 얻고자 하노라"(고전 9:25).

> "나를 위하여 의의 면류관이 예비되었으므로 주 곧 의로우신 재판장이 그날에 내게 주실 것이며 내게만 아니라 주의 나타나심을 사모하는 모든 자에게도니라"(딤후 4:8).

> "시험을 참는 자는 복이 있나니 이는 시련을 견디어 낸 자가 주께서 자기를 사랑하는 자들에게 약속하신 생명의 면류관을 얻을 것이기 때문이라"(약 1:12).

> "그리하면 목자장이 나타나실 때에 시들지 아니하는 영광의 관을 얻으리라"(벧전 5:4).

저는 제가 상상치도 못할 천국의 상급들을 날마다 기대해 봅니다. 그리고 그 상을 받는 대열에 수많은 사람들이 함께하길 바라며, 저보다 더 많은 상을 받는 이들이 수없이 많기를 기도합니다.

열다섯 번째 복 : 죄 짓는 일에서 멀어집니다.

> "하나님이 우리에게 주신 것은 두려워하는 마음이 아니요
> 오직 능력과 사랑과 절제하는 마음이니"(딤후 1:7).

하나님이 우리에게 주신 선물 중에 절제하는 마음이 있습니다. 전도를 하려면 절제가 많이 필요합니다. 그러다 보니 자연스럽게 죄에서 멀어지게 됩니다. 여러 가지 예가 있지만 대학생활을 경험했다면 누구나 공감할 만한 이야기가 있어서 말씀드려 봅니다.

대학교 3학년 1학기 기말고사 때였습니다. 감독하는 교수님이 교실을 자주 들락날락하고 때로는 앉아서 신문을 보셔서 제대로 시험 감독이 이루어지지 않았습니다. 그러는 사이 학생들은 커닝하며 베껴 쓰기에 정신이 없었습니다. 저는 이 광경을 보면서 사실 억울한 마음이 들었습니다. 저도 커닝하고 싶은 유혹이 생겼습니다. 하지만 끝까지 커닝을 하지 않았습니다. 제가 전도하려는 친구들이 있었고, 난 정직한 크리스천이라고 생각했기 때문입니다.

커닝을 하지 않은 학생이 저를 포함해 두세 명 있었습니다. 억울하고 안타깝고 아쉬웠지만 유혹에 넘어가지 않고 최선을 다했다는 사실에 감사했습니다. 그리고 제가 만약 한 번이라도 커닝을 해서 좋은 성적을 받았으면 아마 모든 과목에서 커닝을 하려고 했을지도 모릅니다.

제가 커닝을 하지 않은 사실을 우리 과 친구들은 다 알았습니다. 그 중에 그냥 인사 정도만 하는 친구가 있었는데 하루는 저보고 교회 좀

데려가 달라고 부탁하는 것입니다. "네가 잘 어울리는 친구 중에도 교회 다니는 아이가 많은데, 굳이 왜 나한테 부탁하는 거야?"라고 묻자 "커닝 마음껏 하는 그 친구는 사이비고, 네가 진짜다"라고 한마디 하는 것이었습니다. 저는 당장 그 친구를 교회로 데리고 갔습니다.

커닝 사건에 대한 억울함, 안타까움, 아쉬움은 그리 오래가지 않았습니다. 3학년 2학기 중간고사 때 대학원 선배님이 시험 중에 교실을 여러 번 돌더니 커닝하는 친구들을 무더기로 잡아 냈습니다. 그때 적발된 학생들은 전부 1학기 때 커닝한 친구들이었습니다.

이처럼 평소에 전도를 하는 사람은 매사에 죄에서 멀어지게 됩니다. 자신의 양심뿐만이 아니라 주변에 있는 사람들이 죄로부터 방패막이가 되어 주기 때문입니다.

열여섯 번째 복 : 영적 상태를 점검할 수 있습니다.

전도를 하다 보니 제 믿음이 약해지고 하나님의 은혜를 잊고 있을 때는 전도가 잘 되지 않는 것을 느꼈습니다. 아무리 전도하려는 친구와 오랫동안 같이 있어도 교회 가자는 말이 제대로 나오지 않는 것입니다. 저는 전도하려는 태도를 보고 저의 영적 상태를 점검합니다. 점검 방법은 아주 간단합니다. 자연스럽게 교회 가자는 말이 나오고 전도하려고 애쓰고 있으면 저는 믿음생활을 잘하고 있다는 뜻입니다. 반대로 교회 가자는 말이 입안에서만 맴돌고 전도에 대한 생각이 잘 안 들면 저는 모든 일을 멈추고 교회로 갑니다. 예배를 통해 먼저 하나님을 만나고 기도하며 말씀 읽기에 집중하게 됩니다.

한번은 신앙생활을 몇 년 동안 같이해 온 동생이 이런 질문을 던졌습니다.

"형! 형을 몇 년 동안 쭉 지켜봤지만 형은 신앙의 굴곡도 없고 한결같아요. 어떻게 그럴 수 있죠?"

"아냐! 나도 슬럼프가 있었어. 슬럼프 없는 사람이 어디 있겠냐?"

"제 기준으로 봤을 때 형은 항상 꾸준해요."

"그렇게 봐줘서 고맙다. 내 신앙의 축을 이루는 것들이 세 가지가 있는데, 하나는 새벽기도, 또 하나는 큐티, 마지막 하나는 전도잖냐. 특히 전도를 안 하려고 하면 내 신앙의 적신호라 생각하고 예배의 자리로 나아가서 말씀과 기도에 집중하려고 노력해. 이것이 항상 꾸준할 수 있는 비결이 아닐까 싶다."

제 말을 듣고 그 동생도 고개를 끄덕이며 수긍을 했던 기억이 납니다.

자신의 영적 상태를 점검하는 방법이 여러 가지가 있겠지만 제가 쓰는 이 방법을 써 보아도 좋을 것입니다.

열일곱 번째 복 : 하루하루 최선을 다하게 됩니다.

중·고등학교 시절 공부 시간표를 작성해서 그에 따라 공부했던 것처럼, 저는 전도하는 시간도 정해 두고 있습니다. 매일 저녁 8시~10시 사이에 하루에 적어도 30분 이상씩은 전도하기 위해 통화를 한다는 계획을 세우고 실천하는 것입니다. 이 시간을 제가 선택한 이유는 저녁을 먹고 주로 쉬는 타이밍이고, 이때 전화했을 때 친구들이 가장 잘 받기 때문입니다.

저도 해야 할 공부와 과제와 일이 많습니다. 그래서 전화하는 시간을 벌기 위해 나머지 시간을 허투루 보내지 않고 최선을 다합니다. 앞 시간을 그냥 허술하게 보냈을 때는 전화를 하지 못하고 잘 되지도 않습니다. 제가 자신 있고 떳떳한 삶을 살았다고 생각되었을 때 전화도 담대한 마음으로 할 수 있는 것입니다. 전도 전화를 하기 위해 저는 집중력을 최대한 발휘해 맡은 일에 임합니다. 또 전도하기 위해 태어났다는 마음을 먹고 오늘 하루를 삽니다. 그러면 하루하루를 소홀히 할 수가 없습니다. '오늘 하루 나를 통해 어떤 사람이 교회에 와서 하나님과 예수님을 알게 되고 구원을 받게 될까?'라는 기대감을 가지고 살기 때문에 사람 눈치 보면서 일하지 않습니다. 하나님의 기쁨이 되는 일이기에 그냥 저절로 최선을 다하게 되는 것입니다.

전도하는 사람은 게으름을 피울 수 없습니다. 게을러지고 싶어도 전도 대상 친구들이 저를 가만히 두지 않습니다. 그래서 오늘도 저는 전도를 위해 부지런히 최선을 다하는 삶을 살게 됩니다.

열여덟 번째 복 : 하나님이 나를 위해 모든 계획을 세워 주십니다.

정필도 목사님이 "우리가 주님을 위해 계획을 세우면 주님은 우리를 위해서 계획을 세우신다"고 하셨습니다. 그리고 우리를 위해서 모든 것을 전부 준비해 주신다고 하셨습니다. 복음을 전하는 것은 주님이 가장 기뻐하시는 일입니다. 주님을 위해 복음을 전하며 선한 계획을 세우면 주님께서 우리를 위해 계획을 다 세워 놓으시고 복을 준비해 주실 것입니다.

죽는 날까지
계속될
나의 전도 이야기

참으로 감사한 것은 저희 수영로교
회는 주일 말고도 1년 365일 매일 예배가 하루 네 번(새벽 4시 30분, 5시 15
분, 6시, 저녁 9시) 있다는 사실입니다. 믿음의 환경, 축복받은 교회란 말
을 주위에서 많이 하는데 저 역시 그 말에 동감합니다. 정필도 목사
님 말씀대로 어떻게든 예배에 목숨을 거는 자가 되기 위해 저는 특별
히 새벽기도에 목숨을 겁니다.

무슨 일이 있어도 저는 6시 새벽기도에 꼭 갑니다. 날마다 하나님
께 저의 모든 상황을 말씀드리고 하나님의 음성을 들으며 저의 하루

를 계획합니다. 그 시간 저의 머릿속에는 그날 전도하기 위해 특별히 연락하거나 만날 사람이 떠오릅니다. 기도할 때는 강대상 제일 앞에 나가서 기도합니다. 정필도 목사님의 《교회는 무릎으로 세워진다》를 본 뒤로는 무조건 앞으로 나가서 무릎 꿇고 기도합니다.

이렇게 새벽기도를 통해 받은 은혜와 감동을 가지고 이른 아침에 학교로 출근합니다. 학생부를 맡고 있어서 등교하는 아이들을 교문 앞에서 제일 처음 만나게 됩니다. 물론 저의 일이 머리 검사, 복장 검사 등을 하며 지적하고 벌점 주는 일이지만 특별히 위반하는 아이들이 없으면 웃으면서 즐거운 하루를 보내라고 격려해 줍니다. 매일 아침마다 보는 사이지만 환한 웃음을 띠고 달려와서 안으려는 시늉까지 하는 아이들을 볼 때면 정말 행복해집니다. 그러면서 하나님께 기도합니다. 저의 행복한 모습을 보고 이 아이들도 모두 교회에 오고 싶은 마음이 생기게 해달라고, 그래서 예수님을 만날 수 있게 해달라고 말입니다.

가끔씩 아이들이 제 책상에 몰래 편지와 음료수, 과자를 올려 놓고 가는 것을 보면 감동의 물결이 밀려옵니다. 이 아이들에게 해준 것도 별로 없는데, 이리도 감사의 마음을 표현해 주니 몸 둘 바를 모르겠습니다. 이런 행복한 삶을 살고 있기에 저는 늘 하나님께 감사하며 빚진 마음으로 하루하루 최선을 다해 전도하며 알찬 삶을 꾸려 나가고 있습니다.

한경직 목사님의 말씀을 통해 배운 '감격의 신앙생활'을 사는 것이 제 삶의 목표입니다. 제가 구원받은 사실에 감격해서 자연스럽게 전도를 하며 사는 것입니다. 이 감격이 나와 나의 습관, 나의 생각과 나의 모든 세포를 뒤덮었기에 복음을 전하는 삶을 살겠다고 결심했고, 그 결심대로 전도하는 행복한 삶을 살기 위해 죽는 날까지 최선을 다할 것입니다.

여기에 저희 교회 김인환 목사님 말씀처럼 순수를 넘어 실력을 쌓아 사랑이 넘치고 실력 있는 멋진 교사가 되고 싶습니다. 아이들이 정말 필요로 하는 교사가 되어 저를 통해 모든 아이들이 교회에 나와 예수님을 만나길 간절히 기도합니다.

제 삶의 꿈이자 계획은 학기 중에는 목숨 걸고 최선을 다해 아이들을 가르치고 사랑으로 보살피며 복음을 전하는 것이고, 방학 기간에는 전도 간증을 다니고 국내, 국외 단기선교를 가는 것입니다. 이런 행복한 꿈과 계획을 가지게 해주시고, 이런 삶을 그대로 살게 해주신 하나님께 감사하며 제가 닳고 닳아 먼지가 될 때까지 이 꿈과 계획을 실천할 것입니다.